**Reiseführer**

W0057658

Istrien

und Kvarner-Bucht

von Veronika Wengert und Axel Pinck

 ADAC Top Tipps

Das müssen Sie gesehen haben!
Die zehn Top Tipps bringen Sie
zu den absoluten Highlights.

 ADAC Empfehlungen

Unterwegs gut beraten: Diese
25 ausgesuchten Empfehlungen
machen Ihren Urlaub perfekt.

Preise für ein DZ mit Frühstück:
€ | bis 600 HRK
€€ | bis 1100 HRK
€€€ | ab 1100 HRK

Preise für ein Hauptgericht:
€ | bis 75 HRK
€€ | bis 125 HRK
€€€ | ab 125 HRK

■ Intro

■ ADAC Quickfinder

*Hier finden Sie die Orte, Sehens-
würdigkeiten und Attraktionen,
die perfekt zu Ihnen passen.*

■ Unterwegs

■ **Service**

Istrien und die Kvarner-Bucht
von A–Z 122

*Alle wichtigen reisepraktischen
Informationen – von der Anreise
über Notrufnummern bis hin zu
den Zollbestimmungen.*

*Zu diesen Orten und Sehens-
würdigkeiten finden Sie Detailkarten
im Innenteil des Reiseführers.*

Umschlag:

ADAC Top Tipps: Vordere
Umschlagklappe, innen **1**

ADAC Empfehlungen: Hintere
Umschlagklappe, innen **2**

Übersichtskarte Istrien: Vordere
Umschlagklappe, innen **3**
Übersichtskarte Kvarner-Bucht:
Hintere Umschlagklappe, innen **4**

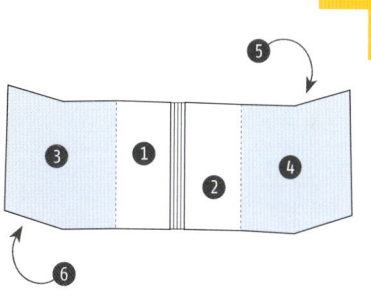

Stadtplan Pula: Hintere
Umschlagklappe, außen **5**
Ein Tag in Pula: Vordere
Umschlagklappe, außen **6**

Adriaschönheiten und Karstfaszination

Venezianische Kulisse, malerische Bergstädtchen und zerklüftete Inselbuchten – hier findet jeder seinen Lieblingsort

Das naturbelassene Kap Kamenjak bildet die südliche Spitze der Halbinsel Istrien

Wo glasklares Wasser an Felsen schlägt, Wälder bis in Buchten reichen und fast pausenlos die Sonne vom blauen Himmel lacht, lädt alles zu heiteren Badeferien ein. Und dies nicht erst heute: Schon die Römer, die gute Lebensart zu schätzen wussten, kannten die Küsten Istriens als Urlaubsziel. In der zweiten Hälfte des 19. Jh. entdeckte dann die Crème de la Crème des habsburgischen und europäischen Hochadels die Liburnische Riviera rund um Opatija mit ihrem milden Winterklima für sich.

Badeküsten mit Kultur

Über rund 450 km Küste verfügt allein die istrische Halbinsel, rechnet man die Ufer des Kvarner-Archipels hinzu, verdoppelt sich diese Zahl sogar. Weiße Kies- und glatt geschliffene Felsbuchten, vereinzelt auch Sandstrände, wechseln sich ab mit pittoresken Stadtbildern und großartigen Sehenswürdigkeiten. Besuchermagnete sind die grandiosen antiken Monumente von Pula. Das imposante Amphitheater lädt als fulminante Freilichtbühne dazu ein, unvergessliche Sommerabende beim Pula Film Festival oder bei großartigen Konzerten zu erleben.

tur und glamourösen Hotelpalästen des 19. Jh. bezaubert an der Riviera von Opatija, besonders schön zu sehen bei einem Spaziergang auf dem rund 12 km langen Uferboulevard Lungomare zwischen Lovran und Volosko.
Die urbane Hafenmetropole Rijeka am Scheitel der Kvarner-Bucht, Europäische Kulturhauptstadt 2020, wird oft unterschätzt: Dabei ist sie eine ganz große Bühne zum Shoppen auf der Flaniermeile Korzo, mit wunderbarem Burg- und Pilgerberg Trsat und vielen, auch ungewöhnlichen Museen, die einen langen Regentag angenehm verkürzen.

Die Fresken der Crkva Sv. Duha in Bale stammen aus dem 15. Jh. (unten) – Zahlreiche Holzstege führen durch den Nationalpark Plitwitzer Seen (ganz unten)

Vor der Kulisse des vollständig erhaltenen Augustustempels macht man es sich im Straßencafé bequem.
Malerisch venezianisch muten Städtchen wie Rovinj oder Poreč an, hübsch drapiert auf meerumspülten Felsen und gesegnet mit Kunstschätzen wie der byzantinischen Euphrasius-Basilika – einer Mosaik-Bilderbibel aus Millionen farbigen Steinchen. Belle-Époque-Charme mit verspielter Villenarchitek-

Pulas Sergierbogen wurde von den Römern errichtet (oben) – Pager Käse, luftgetrockneter Schinken und Garnelen (Mitte) – Beim Subotina-Fest kleiden sich Buzets Bürger in historische Gewänder (unten)

re Karstformationen mit steil abstürzenden Kalkfelsen beeindrucken in der kaum erschlossenen Ćićarija entlang der Grenze zu Slowenien. Der lang gestreckte Höhenzug des Učka-Gebirges begeistert mit imposanten Canyons und herrlichen Panoramablicken.

Weiter westlich im Mirna-Tal thronen auf Hügelkuppen über trüffelreichen Eichenwäldern und Weinbergen mittelalterliche Festungsstädte wie Motovun, Buzet oder das Künstlerdorf Grožnjan. Winzige Orte wie Roč und Hum entzücken mit buckligen Gässchen und altslawischen Kulturschätzen, die daran erinnern, dass hier einst ein Zentrum glagolitischer Literatur bestand.

In dieser ländlichen Abgeschiedenheit genießen Feinschmecker in rustikalen Konobas den luftgetrockneten Karst-

Berglandschaften mit Genuss

Im istrischen Hinterland schlagen die Herzen von Wanderern, Mountainbikern und Kletterfreunden höher. Bizar-

schinken »pršut« und hochkarätige weiße Trüffeln, die frisch gehobelt über hausgemachten Fuži-Nudeln und Gnocchi serviert werden. Auch Liebhaber eines guten Tropfens kommen nicht zu kurz. Ebenfalls ein beliebtes Ziel für Gourmets sind an den Ufern des fjordartigen Limski kanal die berühmten Austernlokale, die ihre Köstlichkeiten direkt aus den Zuchtanlagen »fischen«. Und Novigrad, an der Westküste Istriens, ist mit seinen gehobenen Restaurants längst schon Lieblingsziel aller Slow-Food-Anhänger.

Inselwelt mit Müßiggang

Einen ganz eigenen Reiz besitzen die Inseln der Kvarner-Bucht, deren höchste Gipfel und Kämme dekorativ aus dem Meer ragen. Von Trockenmauern, silbrig-glitzernden Olivenhainen oder dunklen Pinienwäldern überzogen, hat jede ihr eigenes Gesicht – gepaart mit schönen Badeplätzen und einem reichen architektonischen Erbe.

In den Ferienzentren an der Westküste und im Süden von Krk, rund um die Sandstrandparadiese bei Lopar auf Rab und in den Städtchen auf Lošinj geht es im Sommer turbulent zu, doch in der Nebensaison findet hier jeder

>> *Das Meer, von den Gebirgen zu einem colossalen Hafen eingedämmt, glänzt, nach Süden offen, weit hinaus; das Auge weidet sich an der Mannichfaltigkeit der Buchten und Klippen.* <<

Theodor Billroth »Ein Reisebrief« in »Neue Freie Presse« (Wien), 1885

seinen Badeplatz. Auf dem kargen Cres erwartet einen ohnehin mehr Ruhe als auf den anderen Inseln. Einzig die südlichste und streng genommen bereits zu Dalmatien zählende Insel Pag bietet Partyspaß direkt am Strand und zieht ein vornehmlich junges Publikum an.

An der Kaimauer von Rovinj kann man stimmungsvolle Sonnenuntergänge erleben

Das klare saubere Wasser garantiert überall ein ungetrübtes Schwimmvergnügen, Schnorchel, Flossen und Badeschuhe (spitze Felsen!) sollten im Urlaubsgepäck nicht fehlen. Die reiche submarine Welt rund um die Inseln Cres, Lošinj und Krk ist zudem ein ideales Terrain für Taucher, geführte Touren etwa zu gesunkenen Schiffswracks bieten Abwechslung im Ferienprogramm. Wanderer schätzen die archaisch schönen Landschaften mit steil abstürzenden Klippen, an denen inzwischen wieder Gänsegeier nisten.

Natur zwischen Karst und Kaskaden

Nicht beschaulich wie die Kvarner-Inselwelt, sondern recht spektakulär mit einem schroff bis zu 1758 m Höhe aufragenden Gebirgsmassiv präsentiert sich an der Ostküste der Kvarner-Bucht der Karstriese Velebit. Sein als National-park geschützter Norden mit reizvoll rauer Winnetou-Filmlandschaft und einer einzigartigen Hochgebirgsflora ist ein exzellentes Wanderareal.

Zu den beeindruckendsten Natur-schönheiten Kroatiens aber zählen zweifelsohne die Plitwitzer Seen im Hinterland des Velebit. Leuchtend grüne, über Kilometer gestaffelte Seen und bis zu 78 m in die Tiefe stürzende Wasserfälle mit Sinterkaskaden in einer dschungelartigen Waldlandschaft ziehen jeden Besucher in ihren Bann.

Dritter im Bunde ist der Nationalpark Risnjak nordöstlich von Rijeka in der wundervollen Berglandschaft Gorski kotar, durch die sich auch die Autobahn nach Süden zieht. Die Region ist Treffpunkt von Wanderern, aber auch von Wildwasserfans, die auf dem rasanten Bergfluss Kupa durch Karstschluchten und dichte Laubwälder raften.

Die Altstadt von Rab liegt exponiert auf einem Felsrücken, der ins Meer hinausragt

Komfort mit Freizeitspaß

Eine vielfältige touristische Infrastruktur mit großen Hotelanlagen, kleinen Pensionen, freundlichen Vermietern von Privatzimmern, grünen Campingplätzen und luxuriösen Landhäusern oder Agroturismus-Gehöften im Hinterland bieten für jeden Geschmack und jede Urlaubskasse etwas. Zumeist sind es Badeurlauber, die hier ihr sommerliches Strandvergnügen genießen. Sportlich Aktive gleiten mit Surf- und Wakeboard über die Wellen, entdecken mit Schnorchel oder Sauerstoffflasche die bunte Unterwasserwelt und lichten die Segel. Andere treten auf 2600 km Radwegen in die Pedale. Entspannte Beschaulichkeit bieten dann Restaurantterrassen mit Hafenflair und schmucke Cafés auf mediterranen Plätzen. Die Mischung macht's – und für Abwechslung ist in Istrien gesorgt!

Größte Stadt Rijeka (121 000 Einw.)

Sprachen Amtssprache ist Kroatisch (Lateinschrift), in Istrien ist Italienisch ebenfalls offizielle Amtssprache (viele Ortstafeln in Istrien sind zweisprachig).

Währung Kuna (HRK), 1 Euro = 7,39 HRK

Staatsform Parlamentarische Republik

Fläche ca. 3500 km² (nur Istrien)

Einwohner Rund 210 000 (Istrien) bzw. 310 000 (Kvarner-Bucht)

Tourismus 20 Mio. Besucher pro Jahr (ganz Kroatien)

Religion überwiegend katholisch

Oft gehörte Redewendung
»Nema problema« (dt. kein Problem) – auch wenn gerade alles aus dem Ruder läuft.

Darin sind die Kroaten Weltmeister Fußball (zumindest fast) – 2018 stand das Land im Endspiel und wurde Vizeweltmeister.

Istriens Superlative
Die längste Krawatte der Welt (808 m) wurde 2003 um das Amphitheater von Pula geknotet. Kroatien gilt als Heimat der Krawatte.

Darauf sind die Kroaten stolz
Auf ihre Fußball-Nationalmannschaft und das »klarste Meer der Welt«

Das will ich erleben

Innerhalb weniger Stunden in das vermutlich sauberste Meer Europas springen, antike Bauwerke bewundern, den Tag bei einem Glas Rotwein in einem Bergdorf ausklingen lassen oder in einer quirligen Hafenstadt Cocktails trinken: Istrien ist nicht wirklich groß, mit dem angrenzenden Kvarner-Golf an Vielfalt aber kaum zu überbieten. Die landschaftlich, kulinarisch und sprachlich facettenreiche Region hat sich ihre mediterrane Gemütlichkeit bewahrt, blickt aber zugleich selbstbewusst in die Zukunft – dank zahlreicher kreativer, junger Talente in Gastronomie, Kultur und Landwirtschaft.

Geschichte zum Anfassen

Die Nahtstelle zwischen West- und Osteuropa war seit jeher ein Sehnsuchtsort verschiedener Mächte. Über Spuren von Römern, Venezianern und Habsburgern stolpert man praktisch an jeder Straßenecke. Das erste kroatische Königreich entstand bereits im 10. Jh.

Die spannendsten Museen

Junge, international vernetzte Kulturschaffende bringen mit Witz und Einfallsreichtum frischen Wind in die Region. Mit bisweilen spektakulärem Ergebnis, wie jüngst im Fall des neuen Apoxyomenos-Museums auf der Insel Lošinj: Das setzt raffiniert die Bronzestatue eines gleichnamigen antiken Athleten in Szene, die aus örtlichen Gewässern gefischt wurde – eine archäologische Sensation.

Aufregende Autorouten

Der Weg ist das Ziel in Istrien und der Kvarner-Bucht, wenn sich die Straße durch Olivenhaine oder an der zerklüfteten Küste entlangschlängelt. Romantische Dörfer, Aussichtsterrassen und Verkaufsstände örtlicher Selbstvermarkter laden vielerorts zum Verweilen ein.

Atemberaubende Natur

Entlang der Adriaküste bieten Karstformationen, die teils bis zum Meer hinabfallen, ein faszinierendes Naturschauspiel. Nicht weit davon entfernt bezaubern im Landesinneren die Wasserfälle der Plitwitzer Seen.

Die schönsten Strände

Kristallklar und türkisblau dank günstiger Strömungsverhältnisse sowie in Ermangelung von Industrie und großer Flüsse: Ein Spalier an blauen Flaggen attestiert der östlichen Adria beste Wasserqualität. Der Preis für Sichtweiten von bis zu 50 m Tiefe? Sandstrände sind in dieser Region selten, aber nicht ganz ausgeschlossen.

Einkaufen wie die Einheimischen

Beim morgendlichen Einkauf auf der »tržnica«, »placa« oder »pijaca« sind der Plausch und die Tasse Kaffee mindestens genauso wichtig wie die Auswahl von frischem Obst, Gemüse oder Fisch aus der Region. In vielen Familien ist der Einkauf insbesondere am Wochenende Männersache, dann sind die Väter mit ihren Kindern unterwegs.

Kulinarische Höhepunkte

Feinstes Olivenöl, Wein, Pilze und Trüffeln sind nur ein Teil der Spezialitäten, die man in Istrien traditionell mit einer Portion Gastfreundschaft serviert bekommt. Feinschmecker pilgern in die Gegend, um regionale Köstlichkeiten in einem der vielen Slow-Food-Restaurants zu genießen.

Die schönsten Orte

Postkartenschöne Städtchen und Dörfer laden zum entspannten Flanieren und Bummeln ein. Ein Kirchturm kommt an der kroatischen Küste selten allein: Nebenan findet sich in der Regel ein solides Café.

Bezaubernde Bootsausflüge

Ob mit einem Fischer- oder Taxiboot oder der Charter-jacht: Manche Küstenziele lassen sich am besten vom Meer aus entdecken. Lassen Sie den Alltag hinter sich und lassen Sie sich den Wind um die Nase wehen!

Bars für den Sonnenuntergang

Von der istrischen Gelassenheit lässt man sich am besten im Abendrot mit Blick aufs Meer oder die Weinberge an-stecken. Als Sundowner bieten sich neben Aperol Spritz z.B. ein San-Servolo-Bier, ein Glas Teran-Rotwein oder der Kult-Softdrink »Pašareta« an. »Živjeli« heißt »Prost«!

Prächtige Gotteshäuser

Von der oströmischen Schatzkammer bis zur stillen Abtei: Die Kirchen und Klöster in der traditionell als katholisches Bollwerk geltenden Region faszinieren noch heute und beeindrucken nicht selten mit gut erhaltenen Fresken.

Unterwegs

Das römische Amphitheater in Pula, mit dessen Bau noch unter Augustus begonnen wurde, ist das Wahrzeichen der Stadt. Heute dient es als stilvoller Ort für Konzerte und Festivals

Istriens Küste: vom Nordwesten bis zum Osten

Von den Ferienhochburgen Umag, Novigrad, Poreč und Rovinj bis zur Kulturhochburg Pula und nach Rabac an der Ostküste Istriens

In diesem Kapitel:

Klares Adriawasser, idyllische Badebuchten und auf Landzungen gebettete Hafenstädte, die an die lange Herrschaft Venedigs erinnern, machen den Reiz der Küste Istriens aus. Badefans, Wassersportler, Kulturliebhaber und Feinschmecker kommen hier gleichermaßen auf ihre Kosten.

Die Küstenstädte Umag, Novigrad, Rovinj und Poreč verzaubern Besucher mit malerischem Charme und einer ausgezeichneten Infrastruktur sowie vielen Sportmöglichkeiten – nicht nur auf dem Wasser. In Istriens größter Metropole Pula pulsiert das Leben, seit in der Antike die Römer eines der größten Amphitheater des Mittelmeers errichteten. Ganz im Süden kann man sich in der wildromantischen Felslandschaft des Kaps Kamenjak verlieren. Die Ostküste mit dem Badeort Rabac gehört nur im Südosten zur Gespanschaft Istrien und geht nach Norden in die Kvarner-Bucht über.

ADAC Top Tipps:

1 **Eufrazijeva bazilika, Poreč**
| Kirche |
Byzantinischer Prachtbau: Die mit Mosaiken verzierte Basilika ist UNESCO-Weltkulturerbe und einer der kulturellen Höhepunkte Istriens. 24

2 **Rovinj**
| Stadtbild |
Die auf einer Halbinsel gelegene venezianische Bilderbuchstadt wirkt wie ein buntes Wasserschloss und ist einer von Istriens meistbesuchten Orten. 30

3 **Amfiteatar, Pula**
| Antikes Theater |
Die 2000 Jahre alte römische Arena gehört zu den am besten erhaltenen

der Antike und ist das womöglich bedeutendste Bauwerk des Landes. 37

 Kap Kamenjak
| Landschaft |
Beim Drink im Schilf des Naturschutzgebiets auf der Premantura-Halbinsel werden Aussteigerträume wahr. 46

ADAC Empfehlungen:

 Jama Baredine, Nova Vas
| Tropfsteinhöhle |
Mit bizarren Tropfsteinformationen lockt das Erdinnere, oben gibt es historische Traktoren zu bestaunen. 26

 Monte, Rovinj
| Restaurant |
Istrische Küche auf Spitzenniveau im ersten Sternelokal des Landes. 32

 Brijuni-Inseln
| Nationalpark |
Titos Lieblingsresidenz nur wenige Kilometer vor Pula ist heute ein charmantes Ausflugsziel. 35

 MEMO, Pula
| Museum |
Was das DDR-Museum für Berlin ist, ist das MEMO für Pula: jugoslawische Alltagskultur zum Anfassen. 37

 Augustov hram (Forum), Pula
| Antiker Tempel |
Auf Pulas antikem Hauptplatz bietet ein römischer Tempel eine elegante Kulisse für Straßenmusiker. 41

 Aquarium, Pula
| Forschungszentrum |
Auch bei Regenwetter ein Hit: das große Aquarium in einer alten K.u.k.-Festung im Süden von Pula. 44

1 Umag

*Tennis-Mekka und charmanter Badeort
mit engen romantischen Gassen*

ℹ **Information**

▪ TZG (Turistička zajednica grada/Städtischer Tourismusverband), Trgovačka 6,
52470 Umag, Tel. 052/74 13 63, www.co
loursofistria.com

Die lebhafte 13 000-Einwohner-Stadt
nahe der slowenischen Grenze besticht
durch ihre venezianisch geprägte Altstadt, die sich mit ihren engen Gassen
auf einer schmalen Landzunge ins Meer
hinausstreckt. Sie rahmt eine weite
Bucht mit Hafen und Marina, an die sich
nach Nordosten bis zur Halbinsel von
Savudrija Hotelanlagen, Campingplätze und schöne Badestellen anschließen
(von Kiefernwäldern gesäumter Kieselstrand bei Stella Maris oder Sandstrand
bei Plaza Polynesia). Felsstrände und
Badeplateaus findet man im Süden von
Umag an der Plaža Ladin Gaj.

ADAC *Mobil*

Auf der Suche nach einer Parklücke
in Rovinj, Poreč, Krk oder einem
anderen netten Küstenstädtchen?
Dazu gehört im Hochsommer viel
Geduld, denn die begehrten Parkplätze sind ziemlich rar. Die Alternative: Leihen Sie sich ein **E-Bike**
oder nutzen Sie die kleinen **Touristenbahnen**, die Hotelanlagen
oder Orte im Landesinneren (z. B.
Bale, Labin) mit der Küste verbinden – und nur wenige Kuna Fahrpreis kosten. Das spart nicht nur
Zeit und Nerven, sondern auch
Parkgebühren.

Schutz gewähren seit dem frühen
Mittelalter die turmbewehrten Befestigungsmauern, deren Reste bis heute
erhalten sind. Später verwandelten die
Venezianer, die vom 13. bis 18. Jh. Umag
beherrschten, die Stadt in einen florierenden Weinhafen. Heute trägt Umag
mit der Veranstaltung Croatia Open
das bedeutendste Tennisturnier des
Landes aus. Amateursportler können
sich das ganze Jahr über auf den Trainingsplätzen der Stadt austoben.

Sehenswert

Crkva Uznesenja Marijina i Sv. Peregrina
| Kirche |

Die auch dem hl. Peregrinus – dem
Schutzpatron der Stadt – gewidmete
Pfarrkirche aus dem 18. Jh. teilt sich den
Hauptplatz Trg slobode mit modernen
Gebäuden. Größter Schatz im Kircheninneren ist ein gotisches Schnitzretabel aus dem 15. Jh. mit den Figuren der
Heiligen Petrus, Antonius und Martin.
Der grandiosen, fast 250 Jahre alten
Orgel kann man bei gelegentlichen
Festivals lauschen. Zur Nordseite öffnet sich der quirlige, von Cafés und
Bars gesäumte Platz mit einem Ausblick auf den Hafen und ein buntes
Ensemble von Ausflugsschiffen.
▪ Trg slobode, www.zupaumag.com

🚏 **Verkehrsmittel**

Gelb-weiße **Mieträder** des öffentlichen Fahrradverleihs Park and Ride
stehen für eine maximal einstündige
Fahrt bereit. Anmeldung an einem
Istra-Experience-Infopunkt, Bezahlung
per Kreditkarte an der Station. ▪ www.
coloursofistria.com, 18/42 HRK für mechanisches bzw. Elektrorad

Die venezianische Altstadt von Umag scheint auf dem Wasser zu schwimmen

Parken

Der Altstadt am nächsten liegen die **Bezahlparkplätze** an der Trgovačka ulica am Hafen. Günstiger sind die an der weiter nördlich gelegenen Promenade Šetalište Vladimira Gortana.

Restaurants

€€€ | **Pergola** Modernes, familiengeführtes Lokal mit kreativer Küche in einem Wohnviertel von Zambratija nahe Savudrija. Gemüse und Obst kommen aus dem eigenen Garten. Meeresfrüchte und Trüffelpasta probieren! ◼ Sunčana 2, Savudrija, Tel. 052/ 75 96 85, www.pergola.com.hr

Einkaufen

Moreno Coronica Leichte und bekömmliche Malvasier und Teran direkt vom Weingut. Verkostung nach Voranmeldung. ◼ Koreniki 86, Tel. 052/73 03 57, www.coronica.eu

Events

Croatia Open Das Tennisturnier ist Teil der ATP-Herrenprofi-Tour und ein gesellschaftliches Spektakel. ◼ Mitte Juli, www.croatiaopen.hr

In der Umgebung

Savudrija
| Badeort |

Nördlich von Umag, an einem der am weitesten ins Meer hinausragenden Punkte Istriens und Kroatiens, findet man den 400-Seelen-Ort Savudrija, der in der Antike ein bedeutender Hafen war. Wahrzeichen des Kaps ist der 1818 errichtete Leuchtturm – der älteste des Landes. Der 36 m hohe Turm weist zwar nicht mehr Schiffen den Weg; man kann darin jedoch Ferienwoh-

Im Leuchtturm von Savudrija können sich heute Urlaubsgäste einquartieren

nungen mieten (S. 49). Ringsum laden idyllische Kies- und Felsstrände sowie der bei Familien beliebte Sandstrand Zambratija zum Baden ein.

2 Novigrad

Hübsche Hafenstadt mit Marinegeschichte und venezianischer Kulisse

 Information

■ TZG, Mandrač 29 a, 52466 Novigrad, Tel. 052/75 70 75, www.coloursofistria.com

Eine »neue Stadt«, wie ihr Name nahelegt, ist Novigrad (4000 Einw.) schon lange nicht mehr: Noch vor den Römern lebte hier eine Kolonie griechischer Seefahrer. Im Mittelalter wurde

eine Befestigungsmauer hochgezogen, die heute noch ein Stück weit entlang der Meerespromenade erhalten ist. An die lange Ära des Wohlstands unter venezianischer Hoheit ab dem 13. Jh. erinnern Renaissancepaläste und barocke Bürgerhäuser.

 Sehenswert

Altstadt
| Stadtbild |

Besonders abends wird das beschauliche Hafenkarree Mandrač zum Anziehungspunkt. An der von Geschäften, Lokalen und Palazzi gesäumten Hauptstraße Velika ulica hat der barocke Palazzo Rigo (Nr. 5) ein schönes Portal mit Zwillingsfenstern. Das westliche Ende der Flaniermeile markiert der Hauptplatz Veliki trg mit mittelalterlichem Stadtturm und der imposanten dreischiffigen Basilika mit roter Ziegelfassade, die den Heiligen Pelagius und Maximus (Bazilika svetog Pelagija I svetog Maksima) geweiht ist. Schlanke Säulen tragen ihr Kreuzgratgewölbe, unter dem römische und romanische Steindenkmäler ruhen. Der frei stehende Campanile aus dem 19. Jh. bietet eine spektakuläre Aussicht.

■ Veliki trg 7, Tel. 052/75 77 79, 15 HRK für den Turmaufstieg

Galerija Gallerion
| Museum |

Die Privatsammlung dokumentiert mit detailgetreuen Schiffsmodellen, Waffen, Uniformen und von Matrosen mitgebrachten Souvenirs die Entwicklung der K.u.k.-Marine vom kurzzeitigen Aufstieg bis zum Niedergang nach dem Ersten Weltkrieg.

■ Mlinska 1, Tel. 098/25 42 79, www.kuk marinemuseum.net, Mi–Sa, April–Mitte

Juni 9–12, 15–18, Mitte Juni–Aug. 9–12, 19–21, Sept., Okt. 9–12, 15–18 Uhr, 30 HRK, erm. (5–12 Jahre) 20 HRK

Lapidarij

| Museum |

Die Sammlung steinerner Fundstücke aus dem 1. bis 18. Jh. wird in einem architektonisch interessanten, modernen Flachbau präsentiert. Glanzstück des Hauses sind die Fragmente eines sechseckigen Altaraufsatzes – eines sogenannten Ziboriums – aus dem 8. Jh., ein seltenes Beispiel früher karolingischer Kunst in der Region.

 Veliki trg 8 a, Tel. 052/72 65 82, www.muzej-lapidarium.hr, Juli, Aug. tgl. 10–13, 18–21 Uhr, übrige Zeit verkürzt, 10 HRK

Parken

Am **Hafen** gibt es nur wenige Parkplätze, die von 6–24 Uhr kostenpflichtig sind (April–Okt., 10 HRK/Std.). Parktickets gibt es am Automaten oder am nächsten Tisak-Kiosk.

Restaurants

€€€ | **Čok** Frischer Fisch und eine ungezwungene Atmosphäre machen die Konoba zu einem beliebten Slow-Food-Treffpunkt von Genießern. Ul. Svetog Antona 2, Tel. 052/75 76 43

Kneipen, Bars und Clubs

Vitriol Szenetreff für einen Sundowner mit offenen Weinen, Cocktails, Bieren, Kaffee und Terrasse gleich an der Hafeneinfahrt. Ribarnička ul. 6, Tel. 052/75 82 70, www.vitriolcaffe.com

Kinder

Istralandia Rutschen – teils mit Licht- und Klangeffekten – sind das Herzstück dieses modernen, riesigen Wasserparks. A 9, Ausfahrt: Novigrad-Nova Vas, Juni–Sept. 10–18/19 Uhr, Juli, Aug. 210 HRK, erm. 160 HRK, Kinder unter 1 m frei, Halbtageskarten ab 14 Uhr 180/140 HRK, Juni, Sept. 180/140 HRK, halber Tag 160/120 HRK

Novigrads Hauptplatz Veliki trg wird vom Rathaus und Terrassenlokalen gesäumt

3 Poreč

Vom Meer umschlossene Altstadt mit herrlicher Basilika

![photo of Poreč town square with people walking]

Am östlichen Ende der Flaniermeile Decumanus erstreckt sich der Trg Slobode

ℹ Information

■ TIC (Turistični informativni centar/
Touristeninformation), Zagrebačka ul. 9,
52440 Poreč, Tel. 052/45 12 93, www.my
porec.com/de
■ Parken siehe S. 25

Eine römische Stadtstruktur und mittelalterliche Bauten, dazu Kulturschätze wie die wunderbare byzantinische
Euphrasius-Basilika aus dem 6. Jh., machen Poreč (17 000 Einw.) zu einer Perle
an der Adria. Das historische Zentrum
nimmt eine ins Mittelmeer hinausragende Halbinsel ein, die mit ihren Cafés, Fischrestaurants und Geschäften
im Sommer muntere Betriebsamkeit
zeigt. Mit ausgedehnten Ferienanlagen nördlich und südlich der Altstadt
gehört Poreč zu den wichtigsten Zentren des kroatischen Tourismus. Die
größten Resorts – Plava Laguna und
Zelena Laguna (»Blaue Lagune/Grüne
Lagune«) – liegen weit genug entfernt,
um den Charme des uralten Küstenstädtchens nicht zu beeinträchtigen.

👁 Sehenswert

① Decumanus
| Flaniermeile |
Der schon von den Römern angelegte
schnurgerade Decumanus ist eine nur

Plan
S. 25

ADAC *Mobil*

Vom nächstgelegenen, rund 60 km entfernten **Flughafen** in Pula fährt ein Shuttlebus nach Poreč (90 Min., 240 HRK), http://prodaja.fils.hr). Vom **Busbahnhof** (Karla Huguesa 2, Tel. 060/33 31 11) nahe der Marina gibt es täglich internationale Verbindungen (z. B. mit www.flixbus.de) und regelmäßige Busse ins Umland (z. B. www.buscroatia.com). Vom **Hafen** (Obala maršala Tita 5) verkehren Schnellschiffe nach Venedig (Zagrebačka 7, Tel. 052/42 28 96, www.venezialines.com). Ein **Touristenbummelzug** bringt Urlaubsgäste vom Zentrum in die umliegenden Feriensiedlungen (www.istrijada.com).

wenige Meter breite Einkaufsstraße mit teils noch 2000 Jahre altem Straßenpflaster, Boutiquen und Cafés. Sie beginnt am Hauptplatz Trg slobode, verläuft quer durch die Altstadt und prägt diese mit der sie kreuzenden Nord-Süd-Achse Cardo Maximus.

An die lange Ära venezianischer Herrschaft erinnert der Fünfeckturm Peterokutna Kula mit einem Relief des Markuslöwen (Decumanus 1). Sein historisches Gemäuer beherbergt ein Restaurant, im Sommer ist auch die Dachterrasse geöffnet – der perfekte Platz für den Sonnenuntergang!

Wenige Schritte weiter befindet sich der 1729 errichtete barocke Sinčić-Palast. Dort residiert das Stadtmuseum Zavičajni muzej Poreštine (Decumanus 9, www.muzejporec.hr, wechselnde Ausstellungen, Dauerausstellung wegen Umbau geschlossen). Weiter westlich ist das mittelalterliche Romanische Haus (Romanička kuća) aus dem 13. Jh. zu sehen, das im 18. Jh. um einen schönen umlaufenden Holzbalkon ergänzt wurde.

❷ Trg Marafor
| Platz |

Die Decumanus-Straße mündet in den Trg Marafor. Er diente in der Antike als zentraler Platz bzw. Forum mit wichtigen Regierungsgebäuden und Tempeln. Im angrenzenden Park sind die Überreste eines Marstempels – der

Prachtvolle byzantinische Wandmosaike zieren das Innere der Euphrasius-Basilika

einst der größte Istriens gewesen sein soll – sowie Fragmente eines Neptuntempels aus dem 1. Jh. zu sehen.

 Eufrazijeva bazilika
| Kirche |

 Byzantinisches Gesamtkunstwerk und UNESCO-Weltkulturerbe
Die Euphrasius-Basilika ist zweifellos einer der kulturellen Höhepunkte Istriens: Die Kirche, die Euphrasius, der zweite Bischof von Poreč, im 6. Jh. im byzantinischen Stil errichten ließ, bildet zusammen mit dem Baptisterium und dem Bischofspalast ein grandioses Ensemble, das Einflüsse von Rom, Venedig und Byzanz harmonisch vereint. Es ist mitsamt frühchristlicher Gebäudeteile hervorragend erhalten und steht seit 1997 auf der Liste des UNESCO-Weltkulturerbes. Ein Atrium, eine Taufkapelle und ein Bischofspalast ergänzen den Komplex.

Die Basilika ist mit prächtigen, golden schimmernden Mosaiken verziert. Das zentrale Apsisgewölbe zeigt die Muttergottes mit Jesuskind auf einem von einem Kissen bedeckten Thron – flankiert von Erzengeln, Märtyrern, dem Bauherren und dem hl. Maurus, der hier einst im 3. Jh. eine Gemeinde gegründet hatte. Die ihm gewidmete Maurus-Kapelle aus dem 4. Jh. stellt den ältesten Bauteil des Komplexes dar. Die Gebeine des Märtyrers ruhen inzwischen hinter dem Hauptaltar.

Ein Durchgang führt zur Veranda der früheren Bischofsresidenz, die auf der Meeresseite bis zur Stadtmauer reicht. Im Lapidarium sind frühchristliche Bodenmosaike der Vorgängerbauten teils unter freiem Himmel freigelegt. Halten Sie nach dem Fischmosaik Ausschau.

Vor der Basilika öffnet sich ein Atrium mit säulengeschmücktem Arkadengang zu einer achteckigen Taufkapelle. Dahinter liegt der Aufgang zum Glockenturm, dessen Aussichtsplattform ein fantastisches Panorama der Riviera von Poreč und einen Überblick über den Kirchenkomplex gewährt.

■ Eufrazijeva ul. 22, www.zupaporec.com, Juni–Sept. 9–21, Okt.–Mai 9–18 Uhr, 40 HRK, erm. 20 HRK

Obala maršala Tita
| Uferpromenade |

Der Uferweg umrundet die gesamte Altstadt und bietet reizvolle Ausblicke aufs Meer und die Küste. Auf dem Volksplatz Narodni trg am südöstlichen Ende steht der Runde Turm (Okrugla kula) aus dem 15. Jh., der einst einen Teil der Festungsmauer bildete.

 Parken

Der große Stadtparkplatz **Veliko gradsko parkiralište** befindet sich neben dem Marktplatz am Rand der Altstadt (Partizanska 4, 10 HRK/Std., 80 HRK/ Tag). Bezahlpflichtige Parkstreifen sind blau markiert und wiederum in rote, gelbe und grüne Preiszonen aufgeteilt. Die günstigste grüne Zone 3 findet sich beispielsweise jenseits des Jachthafens am südlichen Ende der Ulica Rade Končara.

 Restaurants

€€€ | **Sveti Nikola** Fischlokal mit gehobener Küche, guter Weinkarte und schönem Ambiente direkt am Wasser. ◼ Obala maršala Tita 23, Tel. 052/42 30 18, www.svnikola.com, Plan S. 25, a2

 Cafés

Torre Rotonda Die Dachterrasse des Wehrturms bietet ein Café, Cocktails und einen Traumblick auf die Altstadt. ◼ Narodni trg 3 a, Tel. 098/25 57 31, www. torrerotonda.com, Plan S. 25, b2

 Einkaufen

Enoteca Per Bacco Delikatessen am Hauptplatz: Der Laden führt istrische Weine, Grappa, Olivenöl und Souvenirs. ◼ Trg Slobode 10, Tel. 052/45 16 00, Mo–Sa 9–20, So 9–16 Uhr, Plan S. 25, c2

Konzerte

Im Innenhof des **Zavičajni muzej** mit Café und einem Lapidarium antiker Skulpturen finden im Sommer Jazzkonzerte statt (»Jazz in lap«). Jeden Mi 21 Uhr, Decumanus 9, Plan S. 25, b2

 ### Events

Vinistra Bei der Weinmesse der Vereinigung der istrischen Winzer Mitte Mai kann man die besten Tropfen der Region kosten. www.vinistra.com

 ### Sport

Eine spannende Fahrradtour führt durch die Hügellandschaft Inneristriens: die **Parenzana-Route**, die sich über knapp 80 km entlang dem früheren Gleisbett der gleichnamigen Eisenbahnstrecke von Triest nach Poreč durchs grüne Herz Istriens schlängelt. Informationen beim regionalen Tourismusverband (Tel. 052/45 25 00, www.istria-bike.com).

 ### In der Umgebung

Sveti Nikola

| Insel |

Für einen Badeausflug eignet sich das Leuchtturm-Inselchen Sveti Nikola, das nur ein paar Bootsminuten vom Festland entfernt ist. Die Taxiboote starten vor dem neoklassizistischen Stadtpalast an der Riva-Uferpromenade.

Jama Baredine

| Tropfsteinhöhle |

① *Bizarre Tropfsteinformationen, alte Traktoren und Weinbaugerät*

Hier lässt sich gut ein ganzer Tag verbringen: In die zauberhafte, ca. 300 m lange Tropfsteinhöhle führen steile Stufen hinab. Durch fünf Tropfsteinsäle geht es bis zu einem unterirdischen See in 60 m Tiefe, in dem vier blassrosane, blinde Grottenolme leben. Diese Lurchart kommt fast nur in den unterirdischen Karsthöhlen an der Adria vor. Die Führungen starten alle 30 Minuten (auch auf Deutsch).

Die weitläufige Anlage ergänzen eine Speleogalerie mit Steinzeitkunst, etwa prähistorischen Venusfigürchen, ein rustikales Restaurant, ein Spielplatz, eine Kletterwand und Bauernhoftiere. Auf der anderen Seite des großen kostenlosen Parkplatzes wartet eine überaus sehenswerte Ausstellung mit 50 historischen Traktoren, einer Tenne und einer Ausstellung zu Brot, Wein und dem Olivenanbau in der Region.

Gedići 55, Nova Vas (5 km von Poreč), Tel. 052/42 13 33, www.baredine.com, April, Okt. tgl. 10–16, Mai, Juni, Sept. tgl. 10–17, Juli, Aug. tgl. 10–18 Uhr, Höhle 75 HRK, erm. 45–60 HRK, Traktor Story 35 HRK, erm. 30 HRK, Kombiticket 90 HRK, erm. 65–80 HRK

 ## ADAC *Mittendrin*

Das Ende der Sommersaison ist in Poreč zugleich deren Höhepunkt: Beim **Giostra-Volksfest** am zweiten Septemberwochenende verkleiden sich die Porečani als Edeldamen und adlige Herren, wandeln in barocker Festkleidung durch die mit bunten Bannern und Fahnen geschmückte Altstadt und tanzen zu alten Weisen. Höhepunkt des historischen Spektakels ist ein Reiterwettkampf, der dem Volksfest seinen Namen gab. »Giostra« bedeutet auf Italienisch Ritterturnier (http://giostra.info/de).

![Die romantische mittelalterliche Stadt Vrsar liegt nahe des Eingangs zum Limski kanal](image)

Die romantische mittelalterliche Stadt Vrsar liegt nahe des Eingangs zum Limski kanal

4 Vrsar

Marmorzentrum, Casanovas Urlaubsort und Mutter aller FKK-Campingplätze

 Information

■ TZ, Ul. Rade Končara 46, 52450 Vrsar, Tel. 052/44 17 46, www.infovrsar.com

Das reizvoll auf einem Hügel an der Küste liegende 3000-Seelen-Fischerdorf hat Eingang in die Weltliteratur gefunden: Der venezianische Schriftsteller und Abenteurer Casanova lobt Vrsar in seinen berühmten Memoiren (genau genommen die Schönheit der Frauen und die Qualität des heimischen Weins). An seine Besuche 1743 und 1744 in Orsera – so der italienische Ortsname – erinnert eine nach ihm benannte Altstadtgasse und ein jährliches Festival. Eine der inzwischen stillgelegten Kalksteingruben – der Montraker-Steinbruch am Hafen – dient im Sommer Absolventen einer Bildhauerschule als Open-Air-Galerie.

Sveta Marija od mora
| Kirche |
Die am bunten Fischerhafen gelegene romanische Basilika der hl. Maria vom Meer gehört zu den wenigen Bauwerken dieser Epoche in der Region. Die Fundamente stammen aus dem 4. bis 6. Jh. Säulenarkaden mit Blumenmotiven an den Kapitellen teilen den kargen Innenraum des Gotteshauses in drei Schiffe. An den Wänden sind verblichene Fresken aus der Entstehungszeit erkennbar, etwa die Köpfe einiger Heiliger in der Hauptapsis.

Sveti Martin
| Aussichtspunkt |
Steil hügelaufwärts liegen das Kaštel aus 12. Jh., das heute ein Apartmenthaus ist, und die Pfarrkirche Sv. Martin.

Im Blickpunkt

Das nackte Paradies – Freikörperkultur in Istrien

Das Eiland Koversada vor Vrsar gilt als Geburtsort des modernen FKK-Tourismus: Schon seit 1961 wird auf dem unbewohnten Inselchen hüllenlos gecampt. Die jugoslawischen Behörden unterstützten damals die mit sozialistischen Prinzipien konforme Nacktkultur, die freilich mehr Anhänger unter sonnenhungrigen Touristen als unter Einheimischen hatte. Heute fasst der Naturist Park Koversada, der sich inzwischen auch aufs Festland ausdehnt, bis zu 6000 Gäste und gilt als einer der größten seiner Art in Europa (www.maistra.com).

Vom Kirchturm aus kann man die vorgelagerten Inseln und bei klarem Wetter sogar die Euphrasius-Basilika in Poreč ausmachen.
■ Pod voltom 12, Tel. 052/44 17 46, Turm Sommer tgl. 9–20 Uhr, im Winter geschl.

Park skulptura Dušana Džamonje
| Skulpturenpark |
Ein paar Kilometer nördlich von Vrsar befindet sich der Skulpturenpark mit Werken des Bildhauers Dušan Džamonja (1928–2009), der hier lebte und arbeitete. Die monumentalen, abstrakt geformten Figuren aus Stein und Stahl bilden imposante Blickpunkte in dem weitläufigen Areal, das sich über eine Fläche von 10 ha erstreckt und auch Džamonjas Atelier umfasst.
■ Valkanela 5 (an der Straße Richtung Funtana), www.muzejporec.hr, Tel. 052/43 22 63, Di–So, Juni–Aug. 9–20, März–

Mai, Sept., Okt. 9–18, Jan., Dez. 9–17 Uhr, Eintritt frei

 Restaurants

€€€ | **Restaurant Trošt** Mit Blick auf Marina und Meer genießt man frische Fischgerichte aus der Region, aber auch istrischen Schinken und Rinderfilet. ■ Obala maršala Tita 1 a, Tel. 052/44 51 97, www.restorantrost.hr

 Kinder

Dinopark Funtana Im nahen Funtana führt ein Pfad an 40 Dinosauriern in Originalgröße vorbei. Kinder lieben die beweglichen Urzeittiere, bei denen auf Knopfdruck ein Mini-Dino aus dem Ei schlüpft, die Stuntshows sowie eine kleine Achterbahn. ■ Funtana, www.dinopark.hr, April–Anf. Okt. tgl. 10–18 Uhr, 120 HRK, erm. (4–14 Jahre) 100 HRK

 Events

Skulpturenausstellung im Montraker-Steinbruch Ende August/Anfang September stellen Absolventen der Internationalen Sommerschule für Bildhauer Montraker im gleichnami-

ADAC *Spartipp*

Fangfrischer Fisch ist in kroatischen Restaurants kein günstiges Vergnügen. Man sollte unbedingt vorher die auf der Karte stehenden Preise klären, denn oft werden diese nach dem tatsächlichen Gewicht des servierten Fisches berechnet! Hat man z. B. eine üppige Goldbrasse bestellt, kann die Rechnung deutlich höher ausfallen als erwartet.

gen stillgelegten Steinbruch (»kamenolom«) am Hafen und in der Altstadt etwa zehn Tage lang ihre Werke aus.

 www.infovrsar.com

5 Limski kanal

Die fjordartige Bucht ist ein Naturreservat und Zuchtplatz köstlicher Austern

i Information

▪ Verwaltet von der Naturschutzbehörde Natura Histrica, www.natura-histrica.hr, Tel. 052/35 15 20, Anreise per Ausflugsschiff am günstigsten aus Vrsar

Wildromantisch und unberührt wirken die dicht bewaldeten Anhöhen, die den 11 km langen und bis zu 600 m breiten Meeresarm Limski kanal säumen. Mit seiner Dimension und Anmutung wird er häufig als »Fjord« bezeichnet, was allerdings nicht ganz korrekt ist: Anders als die Fjorde Norwegens wurde er nicht von eiszeitlichen Gletschern ausgefräst, sondern entstand erst vor rund 10 000 Jahren durch Einsturz und Flutung eines Karsttals. Die tiefblaue Wasserfläche, die sich malerisch durch die grüne Hügellandschaft schlängelt, ist nicht selten bunt gesprenkelt von Ausflugsschiffen. Besucher werden zur »Piratenhöhle« (mit Café-Bar, Eintritt 7 HRK) geschippert, zu der steile Stufen hinaufführen.

Autofahrer und Reisebusse genießen neben dem eindrucksvollen Naturerlebnis die frischen Austern, Muscheln und Fischgerichte, für welche die beiden Restaurants Fjord (€€€, Tel. 052/44 82 22) und Viking (€€€, Tel. 44 82 23, gegenüber) im Nordosten des Limski kanal berühmt sind. Lieferant der kulinarischen Spezialität sind Zuchtfarmen, die das spezielle Ambiente des Limski kanal nutzen: ein Gemenge von sauberem Süß- und Salzwasser. Die Romualdova pećina (Romuald-Höhle) am Ende des Limski kanal ist seit der Steinzeit genutzt, war zuletzt jedoch aus Sicherheitsgründen für Besucher geschlossen. Das Baden ist in dem Naturreservat verboten.

Fjordartig reicht der Limski kanal 11 km tief ins dicht bewachsene Hinterland hinein

6 Rovinj

Meerumspülte Altstadt mit venezianischem Charme

Blick vom Südhafen auf die Altstadt von Rovinj mit der Kirche der hl. Euphemia

ℹ Information

- TZ, Ul. Pina Budicina 12, 52210 Rovinj, Tel. 052/81 15 66, www.rovinj-tourism.com
- Parken siehe S. 32

 Die auf einer Halbinsel gelegene Stadt wirkt wie ein Wasserschloss

Die Altstadt des 14 000-Einwohner-Ortes, der zu den meistbesuchten in Istrien gehört, scheint auf dem Wasser zu schwimmen. Seinen besonderen Reiz verdankt Rovinj dem auf einer Halbinsel gelegenen mittelalterlich-venezianischen Stadtkern, der von zwei Hafenbuchten eingerahmt wird.

Vom Valdibora-Marktplatz im Norden aus gesehen reichen die bunten Fassaden der trutzigen hohen Häuser bis an die Uferkante. Dahinter führen verwinkelte Gassen hügelaufwärts zur Basilika Sveta Eufemija, deren schlanker Campanile dem der Markuskirche in Venedig zum Verwechseln ähnlich sieht. Im alten Hafen in der Katarina-Bucht auf der Südseite schaukeln Fischerboote vor dem geschäftigen Hauptplatz Trg maršala Tita. Noch weiter im Süden liegen der moderne Jachthafen, Hotels und die grüne Landzunge Zlatni rt (Goldenes Kap) mit schönen Badebuchten, Fahrrad- und Wanderwegen.

Plan
S. 33

ADAC *Wussten Sie schon?*

Der **Markuslöwe** im Balbi-Torbogen besitzt ein Geschlechtsteil, was ungewöhnlich ist für das Herrschaftszeichen Venedigs. Sonst wurde das Wappentier »ungeziert« – der heraldische Fachausdruck für entmannt – abgebildet. Typisch ist dagegen die Darstellung mit Flügeln und Buch als Symbol für den Evangelisten Markus. Auf dem Bogen sind zudem die Köpfe eines orientalischen und eines venezianischen Kaufmanns zu sehen.

Kasten ADAC Wussten Sie schon?). Er führt zum ebenfalls barocken, wappengeschmückten Rathaus.

Obala Pina Budicina
| Uferpromenade |

Die von Einheimischen nur »Riva« genannte Uferpromenade, die die Altstadt umrundet, lädt insbesondere in der blauen Stunde zum Flanieren ein. Im alten Hafen in der Bucht Katarina sieht man noch typische Batana-Holzboote. Von der kleinen Mole (»mali mol«) aus legen Taxischiffe zu den Badeinseln Sveta Katarina und Sveti Andrija ab.

Ulica Grisia
| Einkaufsstraße |

Die kopfsteingepflasterte Stufengasse schlängelt sich vom Hauptplatz Trg maršala Tita zur Pfarrkirche Sveta Eufemija auf einem Hügel hinauf. Zwischen Souvenirläden stellen Kunsthandwerker in Galerien, auf Treppen und in Hinterhofateliers ihre Arbeiten aus.

 Sehenswert

❶ Trg maršala Tita
| Platz |

Der Hauptplatz Rovinjs öffnet sich trichterförmig zum Hafen hin. Von den Caféterrassen aus – darunter der des Viecia Batana, eines der ältesten Kaffeehäuser der Stadt – kann man die Rovinjani bei ihrem Alltag beobachten. Zwischen den bunten Häusern sticht der dunkelrote Uhrturm Gradska ura hervor, den ein Markuslöwe aus dem 15. Jh. ziert. Konkurrenz macht ihm ein geflügelter Zeitgenosse, der im 17. Jh. in den Torbogen Balbijev luk in der Seitenstraße Matteotti eingefügt wurde (siehe

Sveta Eufemija

| Kirche |

Die Pfarrkirche aus dem 18. Jh. ist der Schutzheiligen der Stadt geweiht, deren vermeintliche Gebeine hinter dem rechten Seitenaltar ruhen. Der Legende nach wurde der Sarkophag der aus Konstantinopel stammenden frühchristlichen Märtyrerin Euphemia im 9. Jh. vor der Küste Rovinjs angespült, nachdem er unter geheimnisvollen Umständen von seinem ursprünglichen Standort verschwunden war. Die Spitze des 60 m hohen Glockenturms krönt eine Kupferstatue der Schutzheiligen, die den Fischern wie eine Wetterfahne die Windrichtung anzeigt. Eine tolle Aussicht entlohnt für den Aufstieg, die knarrende Holztreppe ist allerdings nur etwas für Schwindelfreie. ■ Garibaldijeva 1, Sommer 10–18, Winter 10–14 Uhr, Kirchturm 20 HRK

 Parken

Der größte Parkplatz vor der autofreien Altstadt liegt am Hafen **Valdibora** (Obala poginulih branitelja), in der Nähe befinden sich auch die Parkplätze **Končeta** (Aleja Ruđera Boškovića) und **Boksiti** (Pećine), 4–7 HRK/Std. je nach Tageszeit und Saison. Tageskarten, die für alle Parkplätze der Zonen 1 bis 4 gelten, gibt es für 80 HRK an der Valdibora-Kasse. In Strandnähe und 2 km von der Altstadt entfernt am Parkwald Zlatni Rt liegt der Parkplatz **Monvi** (Šetalište za Škarabu, Mai–Mitte Okt. 2 HRK/Std., 10 HRK/Tag).

Restaurants

€€ | **Tipico** Kreative Küche in einer ruhigeren Ecke der Grisia-Gasse. Schokoladenkuchen probieren! ■ Grisia 32,

Tel. 091/349 40 06, www.facebook.com/tipico.rovinj, Ende März–Okt. 12–15.30, 17.30–23 Uhr, Plan S. 33, c3

 €€€ | **Monte** Kroatiens erstes Michelinstern-Lokal und ein Genusstempel mit niveauvollen Neuinterpretationen istrischer Klassiker wie Spanferkel mit einer karamellisierten Schwarte. Unbedingt reservieren! ■ Montalbano 75, Tel. 052/83 02 03, www.monte.hr, Plan S. 33, b3

 Einkaufen

Galerija Zdenac Innovative Keramiklampen, -plastiken und Schmuck werden in einem früheren Weinkeller in der Altstadt präsentiert. ■ Zdenac 13, Tel. 095/547 71 35, www.facebook.com/brakovicceramics, Plan S. 33, c2

Kneipen, Bars und Clubs

Mediterraneo Bar Direkt am Meer zwischen Uferfelsen auf bunten Kissen und Stühlen sitzen und bei einem Drink den Sonnenuntergang beobachten. Legerer als das schicke Valentino ein paar Häuser weiter. ■ Svetog Križa 24, Tel. 091/532 83 57, www.facebook.com/mediterraneo.rovinj, April–Okt. 9–ca. 24 Uhr, Plan S. 33, c4

ADAC *Spartipp*

Ambitionierte Ausstellungen zeitgenössischer kroatischer Künstlerinnen und Künstler gibt es in der **Galerija Adris** gratis zu sehen. Die Kunsthalle ist in einem modernen Gebäude in der Nachbarschaft des Jachthafens untergebracht. *Obala Vladimira Nazora 1, Tel. 052/80 11 22, Sommer 18–23, Herbst 17–21 Uhr*

Kinder

Ekomuzej Batana Das winzige Museum widmet sich auf unterhaltsame Weise dem traditionellen gondelähnlichen Batana-Holzboot, dem Identitätssymbol der örtlichen Fischer. Die interaktive Ausstellung dokumentiert, welch wichtige Rolle Fischerei und Bootsbau im Alltag einst spielten. ■ Obala Pina Budicina 2, Tel. 052/81 25 93, www.batana.org, Juni–Aug. tgl. 10–13, 19–23 Uhr, Sept.–Nov., März–Mai tgl. außer Mo, Dez.–Feb. nach Voranmeldung, 20 HRK, erm. 10 HRK, Plan S. 33, c3

In der Umgebung

Sveti Andrija
| Insel |

Das winzige, 15 Fährminuten entfernte Hotelinselchen Sveti Andrija (auch: Crveni otok) gleicht einem Botanischen Garten. Es eignet sich gut für einen reizenden Badeausflug (flacher Kiesstrand!) oder Abendspaziergang. Noch näher am Festland, nur 5 Min. Fahrt, liegt die charmante Hotelinsel Sveta Katarina (www.maistria.com).
■ Im Sommer 6–24 Uhr stündl. Taxiboot von der Anlegestelle »mali mol« an der Riva, 40 HRK, Kinder bis 10 Jahre 10 HRK

Zlatni rt
| Parkwald |

Das auch als Punta Corrente bekannte »Goldene Kap« präsentiert sich als ein herrlich schattiger Parkwald, der sich etwa 2,5 km südlich von der Altstadt erstreckt. Das Grün der Pinien, Zypressen und Lorbeerbäume säumt einige der beliebtesten Strände Rovinjs und grenzt an das bei Freeclimbern beliebte Kap Montauro.

Rovinj

Kirche St. Maria
Kirche St. Martin
Denkmal für die Opfer des Faschismus
Theater Antonio Gandusio
Trg Valdibora
Drtovier
Pietra Ive
Augusta Ferrita
E. de Amicisa
Carera
Obala Alda Rismonda
Trg Giovannija Pignatona
Roter Uhrturm
Giuseppea Garibaldia
Trg na Mostu Piazza al Ponte
Trg marsala Tita
Budicina
Rovinj Markt
Barockpalast Califfi, Heimatmuseum
Oratorium
Vladimira Švalba
S. Chiurca
Cazlerr
Trg Matteottia
Rathaus
Arsenal
Veli trg
Vrata pod Zidom
Obala Pina
Porto di Rovigno
St.-Toma-Kirche
Bregovita
Grisia
Carzota
Montalbano
Devesi-covna
Batana-Museum
Stari grad
Grisia
ska
Luka Rovinj
Kirche der Mutter Gottes
Arnolongo
Vladimira Švalba
Uspon F Bodi
Petra-Stankovica
Sankt-Eufemija-Kirche
Momar-
Savicent-
bano
Trevisol
Svetoga križa
Veliki mol
Hl.-Kreuz-Kirche
Šetalište brace Gnot

0   150 m

Vom Mini-Leuchtturm am Ende der Mole schweift der Blick über Fažanas Hafen

Monkodonja
| Ausgrabungsstätte |

Entlang der Straße zwischen Rovinj und Bale zweigt beim Dörfchen Kukuletovica (ausgeschildert) ein 1 km langer Feldweg zu dieser Bergsiedlung aus der Bronzezeit (1800–1200 v. Chr.) ab. Auf dem 80 m hohen Hügel (mit Meerblick!) gibt es Gebäudefundamente dieser einst herausragenden Großsiedlung zu bestaunen (Eintritt frei). Trittsichere Schuhe einpacken! Geparkt wird in einer Bucht am Wegrand.

Palud
| Vogelschutzreservat |

Dichtes Schilfrohr, Röhricht und Binsen umsäumen das Sumpfgebiet, das sich 8 km südlich von Rovinj erstreckt. Vom kostenlosen Parkplatz führt ein gut befestigter Weg in gut 10 Min. zu ei-

nem Beobachtungspunkt für die mehr als 200 hier nistenden Vogelarten, darunter die Wasserralle oder Wildenten (Fernglas nicht vergessen!). Nahebei verbindet ein 200 m langer Kanal den Sumpf mit dem Meer. Der Kanal wurde zu K.u.k.-Zeiten zur Malaria-Prophylaxe ausgehoben: Im salzigen Sumpfwasser konnten sich die Larven von Stechmücken nicht mehr entwickeln.

■ Entlang der Straße Rovinj–Pula, Richtung Veštar abbiegen (ausgeschilderter Schotterweg), www.natura-histrica.hr, Eintritt frei, Führungen möglich

7 Fažana

Kleiner Fischerort mit Sardellentradition und belebter Uferpromenade

i Information

■ TZ, 43. Istarske Divizije 8, 52212 Fažana, Tel. 052/38 37 27, www.infofazana.hr
■ Parkplatz Ulica Titova riva 9–10 gegen Gebühr

Vielen ist Fažana (3500 Einw.) nur als Ausgangspunkt für Bootstouren zu den vorgelagerten Brijuni-IInseln (siehe Im Blickpunkt rechts) bekannt, dabei ist das Fischerörtchen mit seinem geschäftigen Hafen, den bonbonbunten Häusern und sehenswerten Kirchen einen eigenen »đir« (Runde) wert. Bis in die 1950er-Jahre befand sich hier eine bedeutende Sardellenverarbeitungsfabrik. Im Juli und August bietet der Tourismusverband am Mittwochabend kostenlose zweistündige Workshops inklusive Bootsausflug an, bei denen man vom Ködern bis zum Einlegen einiges über den Fisch lernen kann. Zum traditionellen Sardellenfest am ersten Samstag im

August reisen Feinschmecker von weither an, um am Hafen vorzügliche Fischgerichte zu genießen.

 Sehenswert

Crkva Sv. Kuzme i Damjana
| Kirche |

An einem Platz am Hafen steht die spätgotische Pfarrkirche der Heiligen Cosma und Damian (Ende 15. Jh.) mit frei stehendem Glockenturm. Das von außen eher nüchtern wirkende Gotteshaus überrascht im Inneren durch eine reiche Ausstattung, zu der ein Abendmahlgemälde aus dem 16. Jh. gehört.
■ Trg Sv. Kuzme i Damjana 5, Juli, Aug. 9–10.30, 18–22 Uhr

🍴 **Restaurants**

€€ | **Konoba Batana** Leckere Sardinen kommen in dieser gemütlichen Konoba mit großer Terrasse auf den Tisch.
■ Trg stare škole 17, Tel. 098/912 72 12, www.batana-fazana.eu

 Sport

Diving Center Puntižela – Mergus Vor den Brijuni-Inseln liegt in etwa 40 m Tiefe das Wrack des Passagierschiffs »Baron Gautsch«, das im Jahr 1914 explodiert war und mehr als 140 Menschen in den Tod riss (S. 42). Es wurde zum nationalen Kulturgut erklärt und darf nur unter der Anleitung autorisierter Tauchzentren besucht werden, darunter diesem, geleitet von den Deutschen Rudi und Sabine Kniewasser. Die Basis befindet sich auf dem Campingplatz Brioni Sunny Camping in Puntižela auf halbem Weg zwischen Fažana und Pula. ■ Puntižela 155, Tel. 052/51 74 74, www.relaxt-abgetaucht.de, April–Okt.

Im Blickpunkt

Brijuni-Inseln: Glamour im Dienste Titos

③ Im Kalten Krieg diente das Brijuni-Archipel dem sozialistischen Staatsführer Josip Broz, genannt Tito, als Bühne für die Inszenierung des sogenannten jugoslawischen Sonderwegs – einer Mischung aus Markt- und Planwirtschaft nach dem Bruch mit Stalin. In seiner Sommerresidenz empfing er Polit-Promis wie Fidel Castro, Willy Brandt oder Königin Elisabeth II. bis zu Hollywoodstars wie Liz Taylor, Richard Burton und Sophia Loren. Für die Bevölkerung waren die insgesamt 14 Eilande einschließlich Titos Sommerresidenz und Jagdrevier fast 40 Jahre lang gesperrt. Seit 1983 ist das Archipel mit unberührter Flora und Fauna ein Nationalpark, von dem allerdings nur die größte, autofreie Insel Veli Brijun besichtigt werden kann – und auch das nur als Hotelgast oder im Rahmen einer geführten Tour per Boot (ab Fažana) und Elektrobahn. Zu sehen gibt es Dino-Spuren am Hafen, ein römisches Kastrum und ein Tito-Fotomuseum. Im »Safari park« harren eine Handvoll Kreaturen aus Titos einstigem Privatzoo aus, darunter eine einsame Elefantendame sowie der etwa 60 Jahre alte Kakadu Koki, dem der Marschall persönlich das Fluchen beigebracht haben soll. www.np-brijuni.hr, ab 125 HRK, erm. ab 65 HRK (saisonabhängig).

8 Pula

Römische Baukunst und Istriens kulturelles Herz

Einst Schauplatz spektakulärer Gladiatorenkämpfe: Pulas römisches Amphitheater

ℹ Information

- TZG, Forum 3, 52000 Pula, Tel. 052/21 91 97, www.pulainfo.hr/de, April–Sept. 8–22, Okt.–März 9–16 Uhr
- Parken siehe S. 43

Pula ist mit 57 000 Einwohnern Istriens größte, älteste und kulturell wie wirtschaftlich bedeutendste Stadt. Vom antiken Pola zeugen neben dem berühmten, 2000 Jahre alten Amphitheater u. a. der Forumsplatz samt Augustustempel, der Sergier-Triumphbogen oder ein verstecktes römisches Bodenmosaik. Über der Altstadt thront auf einem Hügel das von den Venezianern im 17. Jh. errichtete Kastell.

Im 19. Jh. erlebte Pula als wichtigster Kriegshafen der Donaumonarchie eine Blütezeit: Bis heute erinnern 26 mehr oder weniger gut erhaltene Forts und Festungen daran. Pula zog auch Gäste wie den irischen Schriftsteller James Joyce an, der hier zeitweise als Englischlehrer für Marineoffiziere arbeitete. Als Denkmal sitzt Joyce nahe dem Sergier-Triumphbogen am Kaffeetisch. An die Opfer des Ersten Weltkriegs – und des untergegangenen Dampfschiffs Baron Gautsch – erinnert der Alte Marinefriedhof im Stadtteil Stoja. Dass die Puljani, wie sich die Bewohner der Stadt nennen, keineswegs Gefahr laufen, ihre Stadt den Urlaubern zu überlassen, beweist ein Besuch in der

Plan
S. 38/39

trubeligen Tržnica-Markthalle, einem Schmuckstück aus K.u.k.-Zeiten. In der autofreien historischen Altstadt lässt es sich wunderbar flanieren, bummeln und einkaufen. Nach Sonnenuntergang glitzern im Hafen die Kräne der Schiffswerft Uljanik mit den Lichtern der Stadt um die Wette.

ADAC *Spartipp*

Die **Pula Card** gewährt freien Eintritt in sechs Sehenswürdigkeiten, darunter ins berühmte Amphitheater. Kaufen kann man sie im TIC oder in den jeweiligen Museen. *Mitte Juni–Mitte Sept., 90 HRK, erm. 40 HRK, unter 5 Jahre frei*

👁 **Sehenswert**

1 **Amfiteatar**
| Antikes Theater |
 2000 Jahre alte, großartige Spielstätte aus römischer Zeit

Pulas römisches Amphitheater aus dem 1. Jh., von den Einheimischen kurz Arena genannt, ist das Wahrzeichen der Stadt, eine UNESCO-Weltkulturerbestätte und das wohl bedeutendste antike Bauwerk Kroatiens. Das imposante Kalksteingebäude gehört mit seinem ovalen Grundriss von 132 auf 105 m zu den sechs größten Freilichttheatern der römischen Zeit und zu den am besten erhaltenen: Die bis zu 32 m hohe Fassade aus mehrstöckigen Arkadenreihen ist noch intakt.

Etwa 23 000 Zuschauer amüsierten sich hier einst bei Gladiatoren- und Tierkämpfen. Heute ist das Oval eine spektakuläre Location für Pop- und Klassikkonzerte internationaler Stars und diverse Festspiele (S. 128). In den Katakomben der Arena sind Ausrüstungsgegenstände von Gladiatoren untergebracht sowie eine sehenswerte Dauerausstellung zum Wein- und Olivenanbau im Römischen Reich.

■ Flavijevska ulica, www.ami-pula.hr, April 8–20, Mai–Juni, Sept. 8–21, Juli, Aug. 8–24, Okt. 9–19, Nov.–März 9–17 Uhr, 50 HRK, erm. 25 HRK

2 **MEMO**
| Museum |
 Erinnerungen an Jugoslawien im »Museum of good Memories«

Eine unpolitische Zeitreise ins jugoslawische Pula der 1950er- bis 1980er-Jah-

Pula

a   b   c

1

Uljanik-Werft
4

Augustustempel

2

Puljski zaljev

3

Revelanteova ul.

Ul. Svetog Polikarpa

Kirche der Dame vom Meer

Bečka ul.

Mornarički trg

Mornarički Park

Ul. Marta Llasi

Ul. Jurjana

Ul. Rikarda Katalinića Jeretova

Ul. M. Gupca

Ul. G. Graza

4

Ul. Otokara

Ul. L. Posavskog

Kochova ul.

Ul. Alda Negrija

Tomašinijeva ul.

Rižijeva

Alter K.u.k.-Marinefriedhof
10

Stoja

Ul. Ljudevita

Brijunska

Ul. Kupelwieserova ul.

Posavskog

Uskočka ul.

Osiečka

6   Aquarium (3 km)

a   b   c

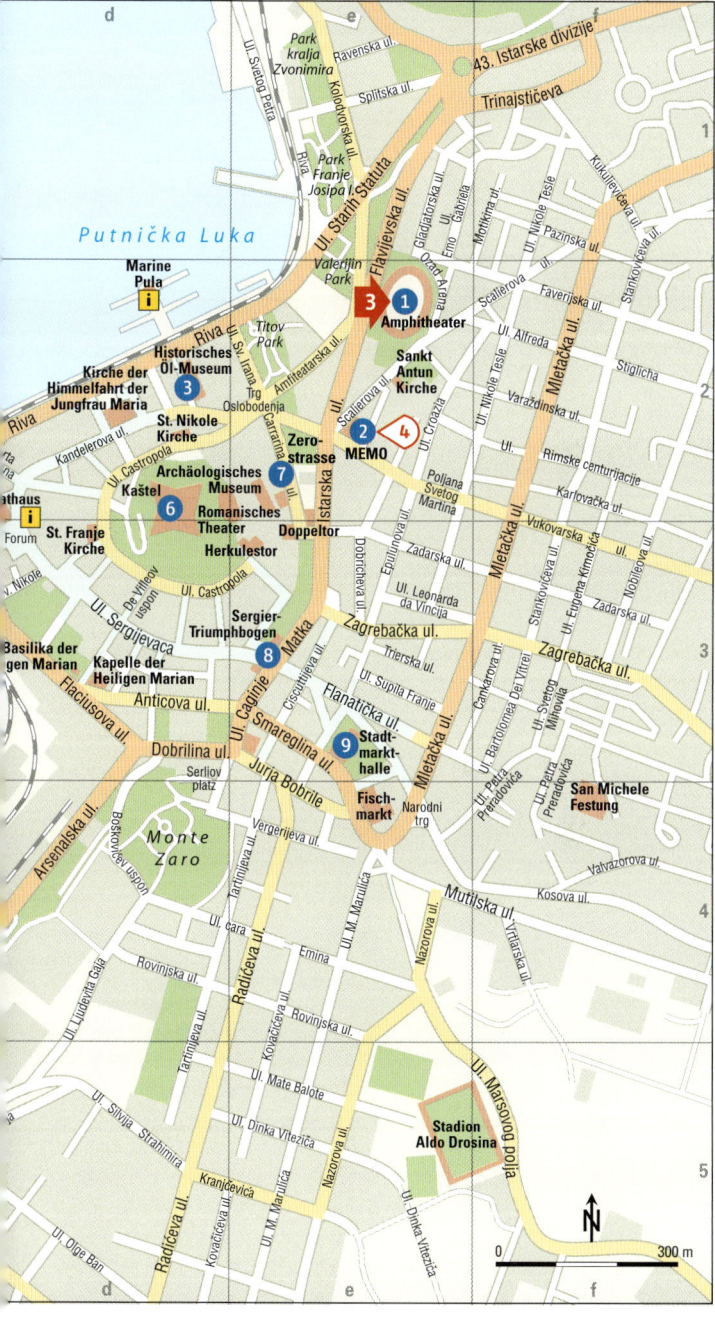

Pulas Augustustempel ist ein wunderbares Beispiel der frühkaiserlichen Baukunst

re erleben Besucher in diesem nett gemachten Privatmuseum südlich der Arena: Im quietschgelben »Fićo« Zastava 750 (eine Jugo-Variante des Fiat 600) darf man sich hinter dem Steuer fotografieren lassen, in der Friseurecke unter einer Retro-Trockenhaube. Anfassen und Ausprobieren ist hier sogar erwünscht! Küche, Wohnzimmer, Post, Klassenzimmer mit Pioniersuniform – alles noch genau wie damals.

■ Scalierova 4, www.memo-museum. com, Sommer tgl. 10–22, sonst Mo–Sa 10–20 Uhr, Dez.–Feb. geschl., 30 HRK

③ Museum Olei Histriae
| Museum mit Laden |

Wie sich natives Olivenöl geschmacklich von nur vermeintlich naturbelassenem unterscheiden lässt, lernt man im privat betriebenen Museum Olei Histriae in Pulas Altstadt. Schautafeln und Audioguides beschreiben die Öl-

produktion in Istrien, im modernen Shop kann man unter Anleitung einer Sommelière kosten und Öl von Herstellern aus ganz Istrien erwerben.

■ Ulica sv. Teodora 1 a, www.oleumhistri ae.com, März–Mai, Okt.–Dez. 10–18, Juni, Sept. 9.30–20, Juli, Aug. 9.30–22 Uhr, inkl. Audioguide 50 HRK, erm. 25 HRK (ohne Degustation)

④ Uljanik-Werft
| Lichtspektakel |

»Leuchtende Giganten« nennt sich das Projekt des Lichtdesigners Dean Skira: Er lässt nachts die Kräne der Schiffswerft Uljanik, die auf einem Eiland im Hafen von Pula in den Himmel ragen, in bunten Farben erstrahlen. Tagsüber gehen auf dem einstigen Oliveninselchen – genau ein Baum wurde symbolisch verschont – etwa 4500 Menschen ihrer Arbeit nach. Den Grundstein für die ursprünglich von der österreichischen Kriegsmarine gegründetem Werft legte im Jahr 1856 Kaiserin Elisabeth alias Sisi.

🟦 Nach Einbruch der Dunkelheit bis 22 Uhr (Juni–Sept. bis 24 Uhr) zur vollen Stunde jeweils 15 Min., z. B. von der gegenüberliegenden Riva-Promenade aus

5 Augustov hram (Forum)
| Antiker Tempel |

Römisches Monument auf einem Stadtplatz aus der Antike

Das in der Antike angelegte und von Patrizierhäusern gesäumte Forum ist noch heute Pulas schönster Stadtplatz. Der eleganteste Hingucker ist der auf einem Podium ruhende Augustustempel aus dem 1. Jh., dessen Vorhalle von sechs korinthischen Säulen getragen wird. Er war dem gleichnamigen Kaiser und der Göttin Roma geweiht. Die Kultstätte wurde im Mittelalter als Getreidespeicher genutzt und im Zweiten Weltkrieg stark beschädigt.

Im kleinen Innenraum sind heute Fragmente antiker Statuen ausgestellt, darunter ein auf dem Forum entdeckter marmorner Kaiserfuß. Nebenan stand

ADAC *Spartipp*

In einem Hinterhof in der Altstadt liegt ein frei zugängliches, hervorragend erhaltenes **römisches Bodenmosaik** aus dem 3. Jh. versteckt. Das 12 x 6 m große Kunstwerk schmückte einst den Boden einer Patriziervilla und zeigt u. a. die Bestrafung Dirkes. Diese quälte der griechischen Mythologie zufolge aus Eifersucht ihre Nichte – und Zeus' Geliebte – Antiope.
Ul. Benediktinske opatije 13, Schildern mit »rimski mozaik« folgen, Zugang frei (Ul. Sergijevaca 18)

einst ein identischer, der Göttin Diana geweihter zweiter Tempel. Dessen einzige verbliebene Wand wurde in den angrenzenden venezianischen Kommunalpalast – das heutige Rathaus (»Gradska viječnica«) – integriert.

🟦 Forum bb, www.ami-pula.hr, April, Okt. 9–19, Mai, Juni, Sept. 9–21, Juli, Aug. 9–23 Uhr, 10 HRK, erm. 5 HRK

6 Kaštel
| Burghügel |

Das Kastell thront auf dem einstigen römischen Kapitol und bietet einen Panoramablick über Altstadt und Hafen. Die Venezianer errichteten die Burg im 17. Jh., heute ist darin das Historische und Maritime Museum Istriens untergebracht. Zu sehen gibt es neben der Sammlung zu Stadtgeschichte, Schiffsbau und Seewesen alte Fotos und Fotoapparate sowie historische Apothekeneinrichtungen.

 Povijesni i pomorski muzej Istre (PPMI), Gradinski uspon 6, www.ppmi.hr, Okt.– März 9–17, April–Sept. 8–21 Uhr, 20 HRK, erm. 5–10 HRK, bis 5 Jahre frei

7 Zerostrasse
| Historischer Tunnel |

Im Bauch des Burghügels verbirgt sich die »Zerostrasse«, ein unterirdisches Tunnelsystem, das die Österreicher vor dem Ersten Weltkrieg anlegten und die Italiener später ausbauten. Im Angriffsfall sollten bis zu 45 000 Menschen in dem Labyrinth Zuflucht finden.

🟦 Carrarina ul. 3 a, Juni, Sept. 10–20, Juli, Aug. 10–22 Uhr, 15 HRK, erm. 10 HRK

8 Sergier-Triumphbogen
| Antikes Stadttor |

Zu Beginn der Sergijevaca-Flanierstraße am Trg Portarata findet sich der mit Reliefs und korinthischen Kapitellen geschmückte, prächtige Torbogen Slavoluk Sergijevaca. Errichtet wurde er etwa 27 v.Chr. von der Bürgerin Salvia Postuma Sergia zu Ehren ihrer Brüder, die in einer Seeschlacht gefallen waren. Das einstige Haupttor des römischen »Pola«, auch als Porta Aurea (Goldenes Tor) bekannt, ist ein Überbleibsel der inzwischen verschwundenen antiken Stadtmauer.

9 Stadtmarkthalle
| Lebensmittelmarkt |

Pulas »Tržnica« ist ein architektonisches Schmuckstück aus der Habsburger Zeit und ein beliebter Treffpunkt am Volksplatz Narodni Trg am Rand der Altstadt. Auf diversen Etagen der 1903 im Wiener Sezessionsstil errichteten, luftig-eleganten Stahl-Glas-Konstruktion kann man sich mit Fisch, Obst und Gemüse oder Rakija-Schnaps eindecken.

■ Narodni trg 9, www.trznica-pula.hr, Mo–Sa 7–14, So, Fei 7–12 Uhr

10 Alter K.u.k.-Marinefriedhof
| Park und Gedenkstätte |

Der ehemalige österreichisch-ungarische Marinefriedhof Mornaričko groblje erinnert mit imposanten Grabmälern an alte K.u.k.-Marineangehörige, die hier »in treuer Pflichterfüllung den Seemannstod« fanden. Auch die Opfer der »Baron Gautsch«: Das K.u.k.-Prachtschiff war am 13. August 1914 von Montenegro nach Triest unterwegs, als der Kapitän es vor den Brijuni-Inseln versehentlich in ein Seeminenfeld der eigenen Kriegsmarine steuerte. Der Luxusdampfer sank innerhalb weniger Minuten, 147 Menschen verloren ihr Leben. Heute stellen die Überreste ein beliebtes Ziel für Wracktaucher dar.

■ Stoja 14, Buslinien 1, 4 und 6 bis »Mornaričko groblje«, tgl. bis Sonnenuntergang

🚏 Verkehrsmittel

Pulas Altstadt lässt sich gut zu Fuß erkunden. Das Auto stehenzulassen (»Parken«, S. 43) und mit dem **Bus** ins Zentrum zu fahren kann in den Sommermonaten die entspanntere Option sein (www.pulapromet.com, Büro in der Ulica Starih statuta 1a, So–Fr 7–15 Uhr). Die Vorortlinien fahren u.a. nach Fažana und Vodnjan im Norden sowie südwärts bis Medulin oder Premantura (Einzelkarten je nach Entfernung zwischen 11 und 25 HRK, beim Busfahrer gegen Bargeld erhältlich).

Eine **Taxifahrt** (Taxi Pula, Tel. 052/22 32 28) schlägt mit einem Grundbetrag von 25 HRK zzgl. 10 HRK pro weiterem Kilometer zu Buche (22–5 Uhr und an Feiertagen 20 % Aufschlag). Ab einer Entfernung von 20 km nach Absprache. Eine wachsende Zahl **Elektrofahrräder** steht zum kostenlosen Verleih für bis zu zwei Stunden an verschiedenen Stationen in der Stadt bereit. Die einmalige Anmeldung für den »bičikle-

ADAC *Spartipp*

Wer kann, sollte die Monate Juli und August möglichst meiden. Dann erreichen die **Hotelpreise** in Lieblingsorten wie Rovinj ihren Höhepunkt, zudem sind Parkplätze in Altstädten und Strandnähe dann Mangelware. Und in beliebten Restaurants muss ein Tisch manchmal sogar mehrere Tage im Voraus reserviert werden. Entspannter, aber noch mit Badewetter gesegnet sind Juni und September. Zudem kann man außerhalb der Hauptsaison – mit ein wenig Glück – sogar in den besten Luxushotels zu angemessenen Preisen übernachten.

ta«-Dienst erfolgt im EU-Infobüro EDIC (Giardini 2, Mo–Fr 9–13 Uhr, Ausweisdokument mitnehmen).

Zu den wichtigsten Sehenswürdigkeiten verkehrt der rote **Doppeldeckerbus**: Das Ticket gilt 24 Std. (100 HRK, erm. 5–15 Jahre 50 HRK, Kinder unter 5 Jahren frei) und berechtigt zum beliebigen Ein- und Aussteigen an den insgesamt acht Stopps (www.pulacitytour.com), z.B. an der Arena.

Vom 6 km östlich der Stadt gelegenen Flughafen fährt ein **Shuttlebus** ins Stadtzentrum und in die Umgebung (Medulin, Fažana, Rovinj, Poreč, Novigrad, Umag und Rabac). Tickets kosten für die einfache Strecke zwischen 4 und 50 HRK je nach Entfernung, auf Online-Tickets unter http://prodaja.fils.hr gibt es etwa 25 % Rabatt.

Pulas **Fernbus-Bahnhof** liegt 1,2 km nördlich der Altstadt (Trg I istarske brigade 1, Verbindungen siehe z.B. unter www.buscroatia.com).

Vom **Passagierhafen** (»Trajektna luka«) am Riva-Kai nahe des Amphitheaters legen Schnellboote nach Zadar mit Zwischenstopp auf den Kvarner-Inseln Unije, Susak und Mali Lošinj ab (www.jadrolinija.hr).

Pulas Jugendstilmarkthalle am Narodni Trg ist ein Erbe aus der K.u.k.-Zeit

kostenpflichtig. Einen Überblick über die Parkzonen gibt es unter www.pulaparking.hr/interaktivna, die weiße und rote sollten Sie lieber meiden.

 Parken

Frühmorgens können Sie Ihr Glück am **Parkplatz Karolina** in unmittelbarer Nähe zum Amphitheater probieren (Trg Nimfeja, Juni–Sept. 8 HRK/Std., Okt.–Mai 4 HRK/Std., 100 HRK/Tag). Etwas später empfiehlt sich der Parkplatz neben dem Krankenhaus (Ul. Nikole Tesle, 4 HRK/Std., 100 HRK/Tag, sieben Fußminuten zum Markt). **Bezahlparkplätze** sind Juni–Sept. tgl. von 7–22 und Okt.–Mai Mo–Sa (Feiertage ausgeschlossen) von 7–20 Uhr

 Restaurants

€€ | Kažun Die geräumige, traditionell eingerichtete Konoba bietet istrische Klassiker wie etwa »ombolo« (zartes Schweinekarree). Am Rand einer Ausfallstraße nördlich des Zentrums gelegen, kinder- und hundefreundlich, Parkplätze vorhanden. ■ Prekomorskih brigada 31 (Eingang via Vitasovićeva 2), Tel. 052/22 31 84, www.kazun.incroatia.info, Plan S. 38/39, nordöstl. f1

€€€ | Milan Das Lokal im Stadtteil Stoja vis-á-vis des Alten Marinefriedhofs ist

Die im 19. Jh. errichtete Festung Verudela beherbergt heute das Aquarium von Pula

eine zuverlässige, elegante Adresse für Fisch und Meeresfrüchte mit gut sortierter Weinkarte und Olivenöl aus eigenem Anbau. Reservierung empfohlen. ■ Stoja 4, Tel. 052/300200, www.milanpula.hr, Plan S. 38/39, a5

Cafés

Galerija Cvajner Das Café in einer ehemaligen Bankfiliale am Forumsplatz bietet sich für einen entspannten Kaffee oder Drink an. Die hohen Wände sind mit Wandfresken aus K.u.k.-Zeiten und zeitgenössischen Kunstwerken verziert. ■ Forum 2, 8–22 Uhr, Plan S. 38/39, d3

Kneipen, Bars und Clubs

Uljanik Der nach der örtlichen Werft benannte Club ist ein Epizentrum der istrischen Rockkultur: Gegen Ende der 1970er-Jahre hatte in dem einstigen sozialistischen Jugendzentrum u.a. die im ex-jugoslawischen Raum gefeierte Hardrock-Band »Atomsko Sklonište« (Atombunker) ihre ersten Auftritte. Heute geben regionale Bands wie die Folk-Rocker Gustafi aus Vodnjan oder Let 3 aus Rijeka Konzerte, aufgelegt wird auch Popmusik. Ü-40-Publikum versammelt sich in unregelmäßigen Abständen auf den sogenannten Generationentreffen-Partys (»susret generacija«). ■ Dobrilina 2, www.facebook.com/Uljanik, Plan S. 38/39, d3

Kinder

Aquarium Keineswegs ein kommerzieller Vergnügungspark, sondern ein sehr informatives Meerestierforschungszentrum erwartet die

Besucher des Aquariums in Pula, dem größten des Landes. In einer ehemaligen K.u.k.-Festung auf der Halbinsel Verudela schwimmen in 60 Meerwasserbecken hauptsächlich heimische Tiere wie Seepferdchen, Ohrenquallen oder Katzenhaie umher.

In einer Auffangstation werden verletzte Meeresschildkröten aufgepäppelt, die Tiere sind vom Aussterben bedroht. Wer eine Patenschaft übernimmt, kann mitverfolgen, wenn der eigene Schützling in die Freiheit zurückgelassen wird – alljährlich am Weltschildkrötentag am 23. Mai. Vom Dach der Festung mit einer 20 t schweren Kuppel genießt man eine wunderbare Aussicht! ■ Verudela bb, Tel. 052/ 38 14 02, www.aquarium.hr, Nov.–März 9–16, April 9–18, Mai, Okt. 9–20, Juni–Sept. 9–21/22 Uhr, 100 HRK, erm. 50–70 HRK, Buslinien 2 a und 3 a bis zur Endhaltestelle, Plan S. 38/39, südl. c5

Events

Antike Historienspiele Das Festival Pula Superiorum lässt alljährlich Mitte Juni die Römerzeit wiederauferstehen – mit Gladiatorenkämpfen in der Arena und diversen Performances in der Altstadt (www.pulasuperiorum.com). Einen Einblick in die Antike bietet auch die Reihe Spectacula Antiqua, bei der von Juni bis September – mit Ausnahme der Dauer des Filmfestivals – einmal wöchentlich Gladiatoren ihr Comeback in der Arena feiern. ■ www. spectaculaantiqua.com, 80 HRK, erm. 40 HRK, unter 3 Jahren frei

Pula Filmfestival Mitte Juli werden bei der ältesten Filmschau des Landes u.a. im römischen Amphitheater internationale Produktionen gezeigt. ■ www. pulafilmfestival.hr

9 Medulin

Istriens längster Sandstrand lässt nicht nur Kinderherzen höher schlagen

i Information

■ TZO (Turismusverband der Gemeinde), Brajdine 41, 52203 Medulin, Tel. 052/ 57 71 45, www.tzomedulin.org

Der Badeort (6500 Einw.) an Istriens Südspitze ist das Herzstück der sogenannten »Riviera von Medulin« und war früher ein Fischerdorf. Doch längst prägen Hotels, Privatzimmer, Apartments, Restaurants und Souvenirläden die angenehme Strandpromenade. Berühmt ist das Touristenzentrum für seine guten Strände und Buchten – vor allem für den 1,5 km langen, flach abfallenden Strand Bijeca. Mit Schatten spendenden Bäumen ist er der bekannteste unter den so raren Sandstränden in Istrien. Ruhiger geht es auf den winzigen Inselchen vor Medulin zu, die von Taxibooten angesteuert werden.

Sehenswert

Sveta Agneza
| Kirche |
Zwei Kirchtürme sind eine Seltenheit in Istrien: Das der hl. Agnes geweihte Gotteshaus überstrahlt in strahlendem Weiß den Ort. Im Inneren locken Fresken aus dem 15. Jh.
■ Im Sommer 9–12, 17–21 Uhr, sonst im Pfarrhaus nach dem Schlüssel fragen

Sport

An der **Riviera von Medulin** gibt es neun offizielle Radrouten, mehrere Tauchzentren, Windsurf- und Kitesurfing-Schulen sowie Tretboot-Verleih an den größeren Stränden.

 In der Umgebung

Nezakcij
| Ausgrabungsstätte |

Die einstige Hauptstadt der Histrier, ein Volk der Seefahrer, wurde 177 v.Chr. von den Römern eingenommen und als Nesactium neu gegründet. Noch erhalten sind die Grundmauern einer frühchristlichen Basilika, der Therme und mehrerer Gebäude. Die Ausschilderung ist leider dürftig. Die Anreise erfolgt am Flughafen Pula vorbei in Richtung Valtura (ausgeschildert)
■ Sommer 9–12, 16–20, Winter 9–12, 14–17 Uhr, Eintritt frei

10 Kap Kamenjak

 Naturschutzgebiet und Paradies für Naturliebhaber und Surfer

 Information

■ Javna ustanova Kamenjak (öffentliche Einrichtung), Selo 120, Premantura, Tel. 052/57 52 87, www.kamenjak.hr, Zugang zum Schutzgebiet 7–22 Uhr, kostenlos für Fußgänger und Radler, Tageskarte für Autofahrer 80 HRK

Südöstlich von Pula erstreckt sich das Kap Kamenjak (Rt Kamenjak), dessen etwa 6 km lange und 1 km breite Südspitze mit den vorgelagerten Inseln unter Naturschutz steht (Donji Kamenjak i Medulinski arhipelag). Ausgangspunkt für Ausflüge in die wildromantische, von Macchia überzogene Felslandschaft ist der kleine Ferienort Premantura mit seinen etwa 800 Einwohnern – die einzige Ortschaft der Landzunge und zugleich die südlichste Istriens. Wegen der vor allem im Frühjahr und Herbst herrschenden starken Winde sind die Strände u.a. bei Windsurfern beliebt (Vorsicht: Im Süden gibt es ablandige Strömungen). Zu den mehr als 500 Pflanzenarten, die auf dem kargen Kalksteinboden gedeihen, gehören auch 33 Arten wilder Orchideen. Besonders prächtig zeigt sich die Halbinsel im Frühjahr, wenn die zahlreichen Ginsterbüsche das Land in ein leuchtendes Gelb tauchen.

 Cafés

Safari Bar Chillige Strandbar, versteckt im Schilf, mit Blick auf den Leuchtturm auf dem Porer-Eiland. Es gibt Kaffee, Drinks und Snacks sowie Schaukeln und Spielgelegenheiten für Kinder. ■ Kap Kamenjak, Strand Mala Kolombarica (ausgeschildert), 8–22 Uhr

 Kinder

Dinosaurier-Lehrpfad Ein 600 m langer Dinosaurier-Lehrpfad führt zu Fußabdrücken eines Dinosauriers (am Kap Grakalovac nahe des Penižule-Strandes). Schilder und Dino-Skulpturen weisen den kindgerechten Weg.

Gefällt Ihnen das?

Einen Abguss der Dino-Fußstapfen von den Brijuni gibt es im **Naturhistorischen Museum** in Rijeka (S. 81) zu sehen. Das **Dino-Multimedia-Zentrum** Ulika in Bale informiert über Dinos (S. 65), und wer »echte« Urzeitriesen erleben mag, findet diese im **Dinopark** in Funtana (S. 28).

Rabac

Badeort mit Hotelpromenade, Stränden und gutem Wind für Surfer

i Information

■ Zuständig ist die TZ Labin (S. 67)

Tief unter Labin schmiegt sich das einstige Fischerdorf Rabac mit 1400 Einwohnern, das zur Gemeinde Labin gehört, in eine kleine Bucht. Rabac ist das bedeutendste Urlaubszentrum an der Ostküste Istriens. Zahllose Apartmentanlagen ziehen sich den dicht bebauten Hang hinauf, im Süden sind die Hänge jedoch von dichtem Grün bedeckt. Herz des Badeortes ist die Uferpromenade, wo es sich an Cafés, Restaurants und Eisdielen vorbei schön entlangbummeln lässt. Der ca. 2,5 km lange Spazierweg verbindet die großen Hotelanlagen miteinander und führt an den beliebtesten Stränden vorbei: Maslenica (beim Hotelkomplex Mimosa), St. Andrea (beim Hotel Miramar), dem überaus populären Strand Lanterna (bei der gleichnamigen Ferienanlage) und dem Strand Girandella (beim gleichnamigen Hotel). An allen Strandabschnitten gibt es Liegestühle, Sonnenschirme, Tretboote und ein vielfältiges Freizeit- und Sportangebot.

P Parken

Die 1400 kostenpflichtigen Parkplätze »**Girandella**« sind in der Hauptsaison sehr begehrt.

Wandern

Der schattige markierte »**Wanderweg der Göttin Sentona**« (Sentonina staza), der nach der Schutzpatronin der Reisenden benannt ist, führt steil ins malerische Labin hinauf. Kleine Brücken überqueren den Bach Pećina, der sich in einem Wasserfall ergießt. Zurück geht es mit dem Bus (ca. 4 km, Dauer: 1,5–2 Std., trittsichere Schuhe!).

Ein Badetag am Kap Kamenjak lässt sich gut mit dem Dinosaurier-Lehrpfad verbinden

Übernachten

Istriens zerklüftete Westküste gehört zu den touristisch am besten erschlossenen Urlaubsgebieten Kroatiens und bietet ein reiches Unterkunftsangebot mit Sport- und Freizeitmöglichkeiten. Ferienanlagen von Hotelgruppen wie Sol Meliá (Umag), Valamar (Poreč) und Maistra (Rovinj) prägen die Region ebenso wie Boutique-Hotels, Ferienwohnungen, Hostels und Campingplätze, darunter einige FKK-Angebote. Kroatien ist keine Billig-Destination. Faustregel: Je näher das Meer, umso teurer die Unterkunft. Das gilt vor allem für die Monate Juli und August, wenn die Hotelpreise auf das Drei- bis Vierfache ansteigen können! Tipp: Viele Luxushotels bieten in der Nebensaison faire Preise, mitunter sogar Schnäppchen. Auf einem sehr hohen Preisniveau bewegt sich Rovinj, insbesondere in der Hauptsaison.

Umag 18

€€ | **Sol Umag** Komfortable Hotelanlage mit gut 200 geräumigen Zimmern, Meerblick, Pool, Wellnessbereich, Kids Club und Zugang zu Tennisplätzen. ■ Jadranska bb, 52470 Umag, Tel. 062/71 40 00, www.melia.com

€€€ | **Kempinski Adriatic** Luxusherberge mit 186 Zimmern und Suiten sowie dem ersten 18-Loch-Golfplatz Istriens ganz im Nordwesten der Savudrija-Halbinsel. ■ Alberi 300 a, 52475 Savudrija, Tel. 052/70 70 00, www.kempinski.com

Novigrad 20

€€ | **Aminess Laguna Hotel** Gepflegte Hotelanlage in Meernähe mit Pool, Animation und Terrassenmusik. ■ Terre 4, 52466 Novigrad, Tel. 052/85 86 00, www.aminess.com

€€ | **Pansion Kolo** Familienbetrieb mit geräumigen Balkonzimmern, Pool und Restaurant in ruhiger Lage ca. 3 km vom Zentrum. ■ Kršin 37, 52466 Novigrad, Tel. 052/75 86 58, www.facebook.com/pg/pansionkolonovigrad

Poreč 22

€€ | **Hotel Plavi Plava Laguna** Renoviertes Hotel mit 214 Zimmern in großer Anlage am Meer. Mit Pool und Halbpension – zu fairen Preisen. ■ Zelena Laguna, 52440 Poreč, Tel. 052/41 30 00, www.plavalaguna.com

€€€ | **Boutique Hotel Mauro** Das historische Haus an der Uferpromenade verwöhnt mit Nostalgie und Komfort. ■ Obala maršala Tita 15, 52440 Poreč, Tel. 052/21 95 00, www.hotelmauro.com

Vrsar 27

€€ | **Resort Belvedere** Große Anlage mit komfortablen Zimmern im Zentralbau und in Apartmentpavillons, umgeben von gepflegtem Garten mit Pool und Restaurant in unmittelbarer Strandnähe. ■ Petalon 1, 52450 Vrsar, Tel. 052/80 02 50, www.maistra.hr

Rovinj 30

€€€ | **Island Hotel Katarina** Schön auf der gleichnamigen autofreien Insel gegenüber der Altstadt von Rovinj

gelegen (Gratis-Bootshuttle), umgeben von einer gepflegten Gartenanlage. Mehrere Badestrände, Pool, Restaurant, schöne Frühstücksterrasse.
Otok Katarina 1, 52210 Rovinj, Tel. 052/80 02 50, www.maistra.com

€€€ || **Lone** In dem preisgekrönten Fünf-Sterne-Designhotel logiert man nobel und zugleich lässig: Vom raumschiffartigen Gebäude bis zu den futuristischen Holzmöbeln wurde alles von kroatischen Designern entworfen. Die Anlage befindet sich im Eichenwald am Kap Zlatni rt. ■ Luje Adamovića 31, 52210 Rovinj, Tel. 052/52 80 02 50, www.maistra.com

Pula

€€€ || **Park Plaza Histria** Größte Ferienanlage der Halbinsel Verudela (368 Zimmer) mit Blick auf den Jachthafen, Restaurants, Casino, Tennisplätzen und Pools. ■ Verudela 17, 52100 Pula, Tel. 052/59 00 00, www.parkplaza.com

Kap Kamenjak

€€ | **Villa Lena** Freundlicher Apartmentkomplex mit Pool am Ortseingang, gepflegten Apartments und Zimmern zu moderaten Preisen. ■ Paredine 4 a, 52100 Premantura, Tel. 052/57 52 22, www.vilalena.com

Rabac

€€ | **Nostromo** Gemütliches Familienhotel mit acht Zimmern und Apartments sowie zusätzlich einem Restaurant mit frischen Produkten und regionalen Gerichten. Top ist der Meerblick aus dem oberen Stock! ■ Obala maršala Tita 7, 52221 Rabac, Tel. 052/87 26 01, www.nostromo.hr

€€€ | **Tui Family Life Bellevue** Modernes Familienresort mit Pools, vielen Angeboten für Kinder und ganztägigem Animationsprogramm. ■ Rabac bb, 52221 Rabac, Tel. 052/46 52 00, www.valamar.com

ADAC *Das besondere Hotel*

Leuchtturm Savudrija Wer sich nach einem ruhigen Urlaub sehnt, wird im alten Leuchtturm am nordwestlichsten Kap Istriens glücklich: Dort, wo die örtlichen Fischer ihre Boote traditionell zum Trocknen auf Gestänge über dem Wasser aufhängen – ein beliebtes Fotomotiv –, ragt der 1818 erbaute und damit dienstälteste Leuchtturm der Adria empor. Vier Apartments bieten Platz für je drei bis vier Personen.
€€ | *Svetioničarska ul. 1, 52475 Bašanija (1 km südl. von Savudrija), Vermieter: Staatliche Gesellschaft Plovput, Tel. 021/39 06 09, www.lighthouses-croatia.com*

Das Landesinnere Istriens

Ein Paradies für Genießer: Im hügeligen Hinterland werden Fein-schmecker, Kunstsinnige, Sportler und Ruhesuchende glücklich

Im istrischen Hinterland erhebt sich ein durch Flusstäler gegliedertes welliges Plateau, auf dessen Anhöhen mittelalterliche Festungsstädtchen wie Motovun und das durch eine Künstlerkolonie neu belebte Grožnjan oder das verwunschene Oprtalj thronen. Sie bieten fantastische Ausblicke auf das grüne Mirna-Tal mit seinen trüffelreichen Eichenwäldern und fruchtbaren Weinbergen. Buzet, das selbst ernannte »Trüffelstädtchen«, und Buje thronen ebenfalls auf Hügelspitzen.

Geografisch so ziemlich genau in der Mitte Istriens hat Pazin, die Verwaltungshauptstadt der Region, eine spektakuläre Burg über einer mysteriösen Schlucht zu bieten. Die regionale Küche verwöhnt mit dem Besten aus Meer und Bergen wie Trüffel, ausgezeichnetem Olivenöl und wunderbaren Weinen. Auch die Herzen von Wanderern, Mountainbikern und Kletterfreunden schlagen hier höher.

Bizarre Karstformationen mit steil abstürzenden Kalkfelsen beeindrucken

im Ćićarija-Gebirge entlang der Grenze zum Nachbarland Slowenien. Winzige Ortschaften wie Beram bei Motovun und das rekordverdächtig kleine Hum entzücken mit ihren buckligen Gässchen und altslawischen Kulturschätzen, die daran erinnern, dass sich hier einst ein Zentrum der glagolitischen Literatur befand. Und das winzige Svetvinčenat mit seiner Burg zieht Mittelalter-Fans an. All diese wunderbaren Orte prägen das unberührte, ursprüngliche Istrien mit seinen Hügeln und Bergkuppen und glitzernden Olivenbäumen am Wegesrand.

In diesem Kapitel:

ADAC Top Tipps:

 5

Motovun
| Festungsstadt |

Ein istrisches Burgstädtchen par excellence: Das imposante Motovun hat die am besten erhaltene Stadtmauer

der Halbinsel, thront auf einem ca. 300 m hohen Hügel und bietet eine spektakuläre Aussicht auf die umliegenden Wälder und Weinberge. 60

ADAC Empfehlungen:

 ### Grožnjan
| Künstlerdorf |
Der verlassene Ort ist von Künstlern wieder zum Leben erweckt worden – und verzaubert mit seinem bohemehaften Charme. 52

 ### Aura, Buzet
| Brennerei |
Besucher erwartet ein besonderes Erlebnis in der Brennerei mit anschließender Verkostung der Edelbrände und Marmeladen. 56

 ### Hum
| Bergstädtchen |
Der malerische 30-Einwohner-Ort ist die vermutlich kleinste Stadt der Welt – und wurde der Legende nach von Riesen erschaffen. 56

 ### Restaurant Zigante, Livade
| Restaurant |
Das Trüffellokal von Giancarlo Zigante in Livade, der hier 1999 die größte Knolle der Welt aufstöberte, ist eine Institution unter Gourmets. 61

 ### Kaštel, Pazin
| Burg |
Abenteuerlich: Die Festung, die über der rätselhaften Schlucht von Pazin thront, inspirierte schon im 19. Jh. Romanautor Jules Verne. 62

 ### Sveta Marija na Škriljinah, Beram
| Kirchenfresken |
Renaissance-Graffiti: In dem Friedhofskirchlein verbergen sich knallbunte Wandmalereien aus dem 15. Jh., darunter ein Totentanzzyklus. 63

Narodni muzej, Labin
| Museum |
Ein rekonstruierter Mini-Bergstollen demonstriert den einstigen Alltag der Kohlearbeiter. 68

12 Buje

*Bergstädtchen mit Alltagscharme
und schönem Fernblick*

Markant thront das mittelalterliche
Buje (2700 Einw.) auf einem 222 m hohen Hügel. Der weite Blick über grüne Terrassen voller Olivenhaine und
Weingärten lohnt einen Bummel hinauf. Die Hauptstraße bergaufwärts
führt an Cafés und Geschäften vorbei.
Buje ist ein Ort, in dem die Einheimischen leben, arbeiten und Espresso
trinken – und kein Touristenmagnet.
Doch gerade das verleiht ihm seinen
authentischen Charme.

 Sehenswert

Sveti Servul
| Kirche |

Das fein gestaltete barocke Portal aus
istrischem Marmor fällt von außen auf,
sonst wirkt die dem Stadtheiligen Sveti
Servul (ital. San Servolo) geweihte Kirche eher so, als würde sie eine Res-
taurierung vertragen. Das lichtdurch-
flutete Innere überrascht jedoch mit
prächtigen Malereien wie einer Stadt-
ansicht (18. Jh.). Der 48 m hohe Campanile nebenan ist eine Kopie des Turms
von Aquilea. Von oben eröffnet sich ein
traumhaftes Küstenpanorama, das Sie
sich nicht entgehen lassen sollten.

 Erlebnisse

Kozlović Das Dörfchen Momjan, nördlich von Buje, ist für seine exquisiten
Malvasier- und Muskateller-Weine berühmt. Das international erfolgreiche
Weingut Kozlović wurde mitten in den
Weinberg hineingebaut. Mit Blick auf
eine Rebenlandschaft wird hier durch

die Keller geführt und ein vorzüglicher
Wein verkostet. ■ Vale 78, Momjan bei
Buje (außerhalb, ausgeschildert), Tel. 052/
77 91 77, www.kozlovic.hr

13 Grožnjan

 *Von Künstlern wachgeküsstes
Bergdorf mit Ateliers und Galerien*

 Information

■ TZ, Ul. Umberta Gorjana 3, 52429
Grožnjan, Tel. 052/77 61 31, www.tz-
groznjan.hr

Seine bemerkenswerte Verwandlung
vom verlassenen Bergstädtchen zum
bunten Künstlerdorf macht den besonderen Reiz von Grožnjan aus. Das
charmante Ensemble mittelalterlicher
Gassen und halb verfallener Gebäude
thront auf einem Hügel am rechten
Ufer der Mirna. Bis 1965 war der einstige venezianische Verwaltungssitz
praktisch ausgestorben, seine Bewohner waren größtenteils an die Küste
oder ins Ausland abgewandert. Die
Rettung kam 1965 mit einer Initiative,
die die verlassenen Gemäuer mit Ateliers und Werkstätten junger Künstler
zu neuem Leben erweckte. Heute beherbergt der 164-Seelen-Ort mehr als
60 Galerien und eine Sommerakade-
mie für junge Musiker, Tänzer und
Schauspieler. Insbesondere nachmit-
tags und abends kann man mit Glück
einem spontanen Konzert beiwohnen.

 Sehenswert

Kaštel
| Festung |

Das mittelalterliche Kastell diente den
venezianischen Statthaltern, die in

Nach dem Zuzug von Künstlern blühte das fast vergessene Grožnjan wieder auf

Grožnjan knapp 450 Jahre lang das Sagen hatten, ab 1359 als Residenz. Heute bildet es einen stimmungsvollen Rahmen für Sommerkonzerte. Von der Herrschaft der Serenissima zeugen auch Herrenhäuser wie der barocke Spinotti-Morteani-Palast (17. Jh.) an der Hauptgasse Contrada Grande sowie Adelswappen am Stadttor.

Fonticus gradska galerija
| Loggia |
In dem einstigen Fonticus-Getreide-speicher aus dem 16. Jh. mit einer Loggia im Renaissancestil ist heute die städtische Galerie mit wechselnden Ausstellungen untergebracht.
■ Trg lože 3, Tel. 052/77 61 31

 Restaurants

€€ | **Montižel** Die kleine rustikale Taverne in Završje östlich von Grožnjan mit Kamin und einer Terrasse bietet istrische Spezialitäten, z.B. unter der »Peka«-Haube geschmortes Fleisch, dazu Wein aus eigenem Anbau. ■ Montižel 59, Završje, Tel. 052/77 62 12, www.pincinmonticello.hr

🚗 **In der Umgebung**

Oprtalj
| Bergdorf |
Dieses verwunschene Bergdörfchen (378 m) bewohnten früher mehrheitlich Italiener, die den Ort unter Titos Zeiten aufgaben. Sie überließen die Natursteinhäuser, Kopfsteingassen und Hinterhöfe im Ortskern sich selbst, heute leben hier etwa 80 Einwohner. Die Stadtloggia (16. Jh.) mit Lapidarium leuchtet rot, mit weißen Bögen. Nebenan, auf dem Plateau vor der Altstadt, fällt der Blick auf die hügelige Landschaft Inneristriens.

Buzet erhebt sich auf einem Felsmassiv am Fuße des Ćićarija-Gebirges

14 Buzet

Mauernumranktes Trüffelstädtchen in reizvoller Lage auf einer Hügelkuppe

Information

■ TZ, Šetalište Vladimira Gortana 9, 52420 Buzet, Tel. 052/66 23 43, www.tz-buzet.hr

Zwei gut erhaltene mittelalterliche Stadttore aus dem 16. Jh. geben den Weg in das beschauliche Städtchen Buzet (5000 Einw.) frei, das auf einem Hügelplateau thront. Entlang der Wehrmauer, die die Venezianer als Schutz vor den vorrückenden Osmanen errichten ließen, öffnet sich ein Panoramablick. Buzet ist selbst ernann-

te »Trüffelstadt«, der begehrte Edelpilz wird hier im Herbst groß gefeiert.

Sehenswert

Mittelalterlicher Stadtkern
| Altstadt |
Steil führt der Weg an alten Patrizier-häusern und an einer spätbarocken Zisterne vorbei, die steinerne Familien-wappen verzieren. Kopfsteingepflas-terte Gassen führen zum großzügigen Marktplatz Titov trg mit einer baro-cken Zisterne (18. Jh.), Patrizierhäusern mit steinernen Familienwappen und der barocken Pfarrkirche Sveta Marija. Die Georgskirche (Sv. Juraj, 17. Jh.) hü-tet einen Altar aus vergoldetem Holz. Über einer der engsten Gassen Istriens, der Uska ulica (»schmale Straße«), prangt ein Holzschild: »Ku' pasan, pa-san«, was ungefähr bedeutet »Wo ich durchpasse, da passe ich durch«.

Zavičajni muzej
| Museum |
Das Heimatmuseum im Palazzo Bigot-to neben der Mala vrata präsentiert archäologische Funde aus illyrischer Zeit, Trachten und Haushaltsgeräte. Mehrere Handwerkerhäuser in der Stadt wurden für Besucher hübsch restauriert, etwa die frühere Stadtbä-ckerei oder die Kammmacherwerk-statt (Anfrage im Museum).
■ Ul. Rašporskih kapetana 5, Mo–Fr 9–15 Uhr, 15 HRK, erm. 10 HRK

Parken

Die Zufahrt durch das sehr schmale Stadttor ist möglich, größere Fahrzeu-ge parken besser unterhalb. Kosten-pflichtige **Parkplätze** gibt es in der Alt-stadt (Sommer 7–23, Winter 8–20 Uhr).

Im Blickpunkt

Grenzenlos schön: das slowenische Istrien

Ein Zehntel der istrischen Halbinsel gehört geografisch zur »Dežela«, wie die Slowenen ihr Land liebevoll nennen. Die nur 46 km lange slowenische Riviera veranlasst die Kroaten gerne zu Hänseleien: »Fußballspiele in Slowenien sind immer international, weil ein Tor in Slowenien und das andere in Österreich steht«, lästert man über

Venezianische Architektur in Piran

den kleinen Nachbarn. Slowenische Witzbolde wundern sich wiederum, zu welchem Zweck (das ökonomisch unterlegene) Kroatien ein Finanzministerium unterhält. Politiker beider Seiten befeuern seit Jahrzehnten einen Grenzstreit: Slowenien beansprucht in der Bucht von Piran einen Korridor zur offenen See. Auf persönlicher, Bildungs- und kultureller Ebene findet gleichwohl ein reger Austausch statt, nicht zuletzt weil ein Großteil der Slowenen Kroatisch spricht. Ein reizvolles Ziel, wenn man aus Kroatien anreist, sind die Salinen von Sečovlje: In dem Naturpark in einer Bucht nahe der Grenze wird die Salzgewinnung erklärt. Entlang der langen Riva von Portorož (3000 Einw.) reihen sich gepflegte Hotels mit Wellnessbereich aneinander, die in der Nebensaison Erholung pur versprechen (www.portoroz.si). Als schönstes Städtchen gilt das venezianisch geprägte Piran (18 000 Einw.): Malerisch auf einer Landzunge gelegen, ziehen sich Häuser mit venezianischen Spitzbogenfenstern und bunten Fassaden den Altstadthügel hinauf (www.portoroz.si). Im ehemaligen Fischerstädtchen Izola (11 000 Einw.) schaukeln Motorboote im Hafen, während sich Kopfsteingassen an Palazzi, Kirchen und Wohnhäusern vorbeiwinden (www.visit izola.com). Die sonst eher geschäftige Hafenstadt Koper (25 000 Einw.) überrascht mit einem schmucken Hauptplatz, den ein venezianischer Prätorenpalast flankiert (www.koper.si). Im Hinterland von Koper beeindruckt die romanische Kirche Sveta Trojica (15. Jh.) von Hrastovlje mit einem Freskenzyklus (ähnlich wie in Beram, S. 63). Fast an der Grenze zu Italien, das geografisch immerhin auch ein Prozent Anteil an der Halbinsel Istrien hat, zieht das Lipizzaner-Gestüt in Lipice mit seinen Reitvorführungen Pferdefreunde aus aller Welt an (www.lipice.org). Ein weiterer Publikumsmagnet im slowenischen Hinterland der Küste sind die gigantischen Karsthöhlen von Postojna mit der Höhlenburg Predjamski grad (www.postojnska-jama.eu).

Achtung: Slowenische Autobahnen (grün) und Schnellstraßen (blaue Schilder) sind mautpflichtig: Wer ohne Vignette erwischt wird, wird zur Kasse gebeten! Die slowenische Küste ist dicht besiedelt, im Sommer staut sich der Verkehr insbesondere am Wochenende. Achtung beim Fahren: In Slowenien muss das Abblendlicht auch tagsüber eingeschaltet werden.

Events

Subotina-Festival In historischen Gewändern feiern die Einheimischen eine Riesenpfanne, in der mehr als 2000 Eier – der Jahreszahl entsprechend – und 10 kg Trüffeln verquirlt werden. ■ 2. Sa im Sept.

 Erlebnisse

8 Aura – Brennerei und Shop Gläserne Produktion: Marmelade aus Feigen oder Löwenzahn köchelt hinter einer Glaswand in der Küche, während Besucher der Brennerei mit Käse, Schinken und über 20 Sorten Edel-Bränden verköstigt werden und außerdem einen Blick auf die Fässer und Destillierprozesse werfen können – in sehr angenehmer Atmosphäre, mit großem Parkplatz.
■ II. Istarske Brigade 2/1, Buzet, www.aura.hr, Dez.-April tgl. 9–18, Mai–Nov. tgl. 9–20 Uhr, Jan., Feb. nur Mo–Sa

 In der Umgebung

Draguć

| Dorf |

Als lohnendes Ausflugsziel in den Hügeln präsentiert sich das bezaubernde Dörfchen Draguć. Seine mittelalterlichen Mauern, die mit Blumentöpfen dekorierten Häuser und überwölbten Gassen dienten bereits als malerische Kulisse diverser Kinofilme, etwa »Lady Musketier – Alle für Eine« von 2004 mit Gérard Depardieu. Im modern gestalteten Haus der Fresken sind Informationen zu mittelalterlichen Wandmalereien in der Umgebung erhältlich (Tel. 052/21 15 66, www.ppmi.hr, Sommer Di–Fr 16–18, Sa, So 10–18 Uhr, übrige Zeit nach Vereinbarung).

15 Hum

9 *Die vermutlich kleinste Stadt der Welt mit einem Dutzend Häuser*

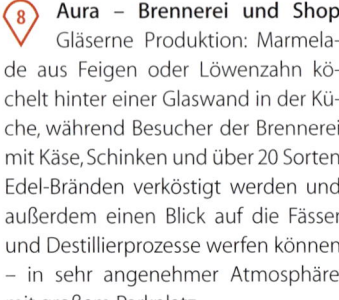 **Information**

■ Webseite: www.hum.hr, zuständig ist die TZ Buzet (S. 54)

Das knapp 30 Einwohner zählende Hum gilt als kleinste Stadt der Welt. Der Legende nach entstand sie, als Riesen mit dem Bau anderer Orte am Mirna-Fluss fertig waren und noch Steine übrig hatten. Das Stadtrecht wurde dem Ort 1102 verliehen, besaß er doch dank seiner strategisch günstigen Lage auf einem Hügelzug einst große Bedeutung als Grenzbefestigung der deutschen Markgrafen. An diese Ära erinnert die gut erhaltene mittelalterliche Stadtmauer, die Hum umfängt.

Altstadt

| Stadtbild |

Ein massives Stadttor mit Bronzeflügeln und zwei gepflasterte Gassen, die das malerische Architekturensemble erschließen – eigentlich alles, was eine Stadt braucht. Die Marien-Pfarrkirche (Sveta Marija) aus dem Jahr 1802 besticht mit ihrem trutzigen, wie ein Wachturm mit einem Zinnenkranz versehenen Campanile (15. Jh.).
Außerhalb des Mauerrings, beim Parkplatz, lohnt die romanische Kirche des hl. Hieronymos (Sveti Jeronim) aus dem 12. Jh. einen Blick: Den kargen Innenraum schmücken Reste byzantinisch beeinflusster Fresken mit Szenen aus dem Neuen Testament, gut zu erkennen ist Mariä Verkündigung. Auf den Malereien findet man eingeritzte glagolitische Schriftzeichen. Falls die

Dicht an dicht stehen die Häuser im mittelalterlichen befestigten Dorf Draguć

Kirche verschlossen ist, kann man im Souvenirladen Colmo (Hum 9) nach dem handlangen Schlüssel fragen.

Aleja Glagoljaša
| Spazierweg |

Die Glagolitische Allee ist ein Spazierweg mit modernen steinernen Skulpturen, die an die Glagoliza-Schrift erinnern. Der Weg führt ab dem Bronzetor in Hum durch eine liebliche Hügellandschaft und an elf Figurengruppen vorbei bis zum 7 km nördlich gelegenen Roč. Die beiden winzigen Orte waren einst ein Zentrum der glagolitischen Schriftkultur.

Gefällt Ihnen das?

Dann ist der **Glagolitische Pfad** in Baška (S. 90) auf der Insel Krk die nächste Herausforderung: Dort stehen die 34 Steinbuchstaben nicht nebeneinander, sondern müssen mithilfe einer Karte (bei der TZ erhältlich) erwandert werden. **21 Steinskulpturen** mit Glagoliza-Versen gibt es bei Beli (S. 92) im Norden von Cres, am Tramuntana-Wanderweg.

 Parken

Der **Parkplatz** vor der Altstadt ist von April bis Oktober kostenpflichtig (10 HRK/Tag).

 Restaurants

€ | **Humska Konoba** Das rustikale Lokal mit Terrasse bietet eine klassische istrische Küche zu fairen Preisen, beispielsweise Fuži-Nudeln mit Trüffeln und Nedeva-Serviettenknödel. Berühmt ist der heimische Biska-Mistel-

Im Blickpunkt

Die glagolitische Schrift

Die altslawische Glagoliza (kroat. Glagoljica) setzte sich im Mittelalter in Kroatien als Kirchen- und Literaturschrift durch. Im 9. Jh. entwickelt, gilt sie als älteste slawische Schrift und hielt sich in Nordwest-Istrien und auf der Insel Krk besonders lang. Neben Elementen des griechischen Alphabets vermengen sich stilisierte christliche Symbole wie Kreuz, Dreieck und Kreis zu Buchstaben. Tipp: In den Souvenirgeschäften von Hum werden auch hübsche Taschen, Küchentücher und T-Shirts mit Glagoliza-Print angeboten.

schnaps. ■ Hum 2, Tel. 052/66 00 05, www.hum.hr/humskakonoba

 Cafés

Weinbar und Shop Raboš Am Steintisch in der venezianischen Loggia wird alljährlich im Juni ein Bürgermeister gewählt. Die übrige Zeit sitzen Besucher auf bunten Kissen und verkosten lokalen Wein, Käse und Olivenöl. ■ Hum 8, Tel. 091/266 00 03, www.facebook.com/wine.bar.and.shop.rabos

 In der Umgebung

Roč
| Dorf |

Dass der verträumte Ort Roč (150 Einw.) früher einmal eine Grenzbefestigung war, daran erinnern noch Teile der mittelalterlichen Stadtmauer mit Stadttor und Wehrtürmen. Gleich drei

Das alte Mühlengebäude mit Mühlrädern im Weiler Kotli am Oberlauf der Mirna

Kirchen gibt es hier: Die dreischiffige Kirche Sveti Bartol von 1492 hat einen 26 m hohen Glockenturm, die kleine gotische Kapelle Sveti Antun mit ihrem 800 Jahre alten Votivkreuz mit Glagoliza-Widmungen. Schöne Freskenreste des 14./15. Jh. gibt es im Kirchlein Sveti Rok zu bestaunen, etwa die Szene »Christus mit Aposteln«.

Kotli
| Weiler |

Der idyllische Weiler mit seiner alten Wassermühle und der gemütlichen und empfehlenswerten Konoba Kotlić lohnt einen Abstecher. Der Fluss Mirna hat das Gestein so ausgespült, dass kesselförmige Vertiefungen entstanden sind – in denen es sich in den Sommermonaten herrlich baden lässt. Vor einigen Jahren war der Weiler fast verlassen, nun werden die hübsch restaurierten Natursteinhäuser an Urlauber vermietet. Am Ende des Wasserfalls kann man zur Mühle absteigen.
■ Von Hum beim Dörfchen Brnobići abbiegen (ausgeschildert), Konoba (Mai–

Sept.): Tel. 099/351 70 77, www.facebook.com/konoba.kotlic

Ćićarija-Gebirge
| Gebirge |

Im Hinterland von Buzet beginnt das Bergland von Ćićarija: Mit seinen zwei höchsten Gipfeln Veliki Planik (1272 m) und Mali Planik (1259 m) spannt es sich in einem Bogen von der slowenischen Grenze bis zum Učka-Gebirge, das sich hinter der Riviera von Opatija erhebt. Hier ist das Klima rau, statt lieblicher Weinhänge prägen karge Viehweiden das Bild, die Genügsamkeit von Schafen ist hier willkommen. Viele Menschen wohnen in den kleinen verstreuten Dörfern nicht mehr.

Auch nicht in Brest pod Žbevnicom nordöstlich von Buzet, dessen Dorfkirche in Istrien wegen ihres aus Geldmangel nur wenige Meter hohen Kirchturms bekannt ist. Žbevnica, der Berg oberhalb des Dorfes, ist ein beliebtes Wanderziel und belohnt den Aufstieg mit einem traumhaften Mittelgebirgspanorama.

Auf einem Hügel thronend und geschützt durch zwei Mauerringe: die Stadt Motovun

16 Motovun

Mittelalterliche Festungsstadt mit spektakulärem Panoramablick

ℹ Information

 TZO, Trg Andrea Antico 1, Tel. 052/ 68 17 26, www.tz-motovun.hr

Das von einer imposanten Mauer umgebene Städtchen Motovun thront auf einem etwa 300 m hohen Hügel über dem weiten grünen Mirna-Tal. Das historische Zentrum mit seinen engen Gassen und venezianischen Patrizierhäusern ist seit dem Mittelalter praktisch unverändert und steht auf der nationalen Vorschlagsliste zum UNESCO-Weltkulturerbe. Beim internationalen Filmfest im Juli (S. 128) mischen Filmfans aus der ganzen Welt den malerischen 1000-Einwohner-Ort auf.

👁 Sehenswert

Loža
| Aussichtspunkt |

Durch das Tor des von Wappen besetzten, doppeltorigen Stadtturms aus dem 14. Jh. gelangt man zur einstigen Stadtloggia. Heute ist darin ein Café untergebracht, das einen herrlichen Blick über die umliegenden Oliventerrassen und Weingärten bietet.
■ Trg Josefa Ressela

Trg Andrea Antico
| Stadtplatz |

Das gotische Obere Stadttor (15. Jh.) öffnet sich zum malerischen Hauptplatz Motovuns mit Cafétischen und einem Brunnen des 15. Jh., der mit einem Relief des Markuslöwen an die lange Herrschaft Venedigs erinnert. Benannt ist der Platz nach dem in Motovun geborenen Renaissanceverleger

Andrea Antico. Eingerahmt wird er vom Palazzo Polesini aus dem 16. Jh. – heute das Hotel Kaštel –, dem imposanten Kommunalpalast aus dem 16. Jh. und der Kirche Sveti Stjepan (17. Jh.). Deren mittelalterlicher, von Zinnen bekrönter Campanile ist Motovuns Wahrzeichen.

Gradske zidine
| Stadtmauer |

Am Hauptplatz Trg Andrea Antico geht es neben dem Kommunalpalast hinauf zur begehbaren Stadtmauer, die Motovun ab dem 13. Jh. in zwei Ringen doppelt absicherte. Heute ist die bis zu 15 m hohe Befestigungsmauer die am besten erhaltene in Istrien. Mit ihren wuchtigen Torhäusern und Wehrtürmen umschließt sie das historische Zentrum und bietet einzigartige Ausblicke auf Reblandschaften und Eichenwälder vor der Kulisse des Ćićarija-Gebirges.
■ Juni–Aug. 9–21, April, Mai, Sept. 9–19, Okt. 9–18, Nov., März 9–17 Uhr, 25 HRK, erm. 15 HRK (inkl. Eintritt in die Kunstgalerie Pet kula mit Wechselausstellungen)

 Parken

Wer frühmorgens kommt, kann es in der Oberstadt an den **Bezahlparkplätzen** nahe des Friedhofs probieren (Ul. Vladimira Gortana 33). Größer ist der **Parkplatz** am Fuße der Stadt, der aber einen 15-minütigen Fußmarsch steil bergauf erfordert (20 HRK/Tag). Der kostenpflichtige Shuttlebus empfiehlt sich vor allem bei großer Hitze sowie für ältere Menschen oder Kleinkinder (20 HRK, Ulica Rižanske skupštine).

 Restaurants

€€€ | **Mondo** Am Aufstieg zur Altstadt gelegene, gemütliche Taverne mit Trüffelgerichten und Steinterrasse. ■ Barbacan 1, Tel. 052/68 17 91, www.konoba-mondo.com

 €€€ | **Restaurant Zigante** Das Gourmetrestaurant des berühmten istrischen Trüffelkönigs Giancarlo Zigante, der 1999 die mit 1,31 kg größte Trüffelknolle (Weltrekord!) fand, ist ein wahres Paradies für Liebhaber der Edelknolle und versteckt sich im Dörfchen Livade. ■ Livade 7, Tel. 052/66 43 02, www.restaurantzigante.com

 Cafés

Caffe Bar Mure Winziges Café mit Tischen an der Stadtmauer. Perfekt, um die Sonne über dem Mirna-Tal untergehen zu sehen. ■ Ulica Joakima Rakovca 4

 Events

Motovun Film Festival Ende Juli erobern Tausende Cineasten die Stadt: Beim Motovun Film Festival werden größtenteils Off-Hollywood-Produktionen aus aller Welt gezeigt, die meisten unter freiem Himmel. ■ www.motovunfilmfestival.com

 Erlebnisse

Auf der Jagd nach dem »istrischen Gold« Rund um Buzet erstreckt sich das istrische Trüffelparadies. Mit der Familie Karlić aus dem Dorf Paladini, die schon seit 1966 im Geschäft ist, kann man im nahe gelegenen Eichenwald auf eine etwa zweistündige Trüffelsuche gehen, wobei das Aufspüren abgerichtete Hunde übernehmen. Ein echtes Erlebnis – nicht zuletzt für den Gaumen, denn natürlich dürfen die Teilnehmer das »istrische Gold« auch ausgiebig verkosten. ■ www.karlictartufi.hr

Pazin

Istriens Hauptstadt thront über einer romantischen, sattgrünen Schlucht

ℹ Information

■ TZ Zentralistrien (»Središnja Istra«), Ul. Velog Jože 1, 52000 Pazin, Tel. 052/62 24 60, www.central-istria.com

Istriens Verwaltungssitz erstreckt sich im Herzen der Halbinsel auf einem Felsplateau über einer wildromantischen Schlucht (auch Fojba genannt) des Pazinčica-Flüsschens. Die Handelsstadt mit 4400 Einwohnern liegt am Schnittpunkt wichtiger Verkehrsachsen. Das hervorragend erhaltene mittelalterliche Kastell, das spektakulär am Rand des Abgrunds thront, ist der Hauptanziehungspunkt.

Kaštel

| Burg |

 Hübsch sanierte Burg mit einer Vielzahl von Ausstellungsstücken Stolz thront die Burganlage des 9. Jh. am Rand der mehr als 100 m tiefen Schlucht Pazinska jama. Ihr heutiges Aussehen erhielt sie Mitte des 16. Jh., als Nord- und Ostflügel entstanden. Modern aufbereitet sind das Ethnografische und Städtische Museum hier untergebracht und präsentieren Spielzeug, Küchengeräte, Töpferei und Musikinstrumente – auch interaktiv.

■ Trg Istarskog razvoda 1, www.muzej-pazin.hr, Juni–Aug. Di–Do 10–18 Uhr, übrige Zeit verkürzt, 25 HRK, erm. 15 HRK

🅿 Parken

Bezahlparkplätze gibt es u.a. am Prolaz Vincenta od Kastva, am Trg slobode

Im Blickpunkt

Von Dante bis Verne: die mysteriöse Schlucht von Pazin

Unter dem Kastell verschwindet der Karstfluss Pazinčica auf wundersame Weise in einem dunklen Schlund der Schlucht (Fojba) Pazinska jama und fließt unterirdisch weiter – ehe er beim Limski kanal wieder ans Tageslicht kommt. Das bis heute nicht ganz geklärte Schluckloch-Phänomen soll im 14. Jh. bereits Dante Alighieri bei einem Besuch inspiriert und als Höllenschlund Eingang in seine »Göttliche Komödie« gefunden haben. Auch der französische Schriftsteller Jules Vernes siedelte seinen Romanhelden Mathias Sandorf, einen ungarischen Grafen und Revolutionär, dort an: Vom Burgkerker gelingt diesem die Flucht durch die Schlucht von Pazin.
Einen unvergleichlichen Blick auf Kaštel und Steilfelsen bietet die Fußgängerbrücke, die sich über das tief unten plätschernde Flüsschen Pazinčica spannt. Blicke aus der Vogelperspektive über die Schlucht ermöglicht auch die Zipline, die beim Hotel Lovac startet (Ul. Šime Kurelića 4, Tel. 091/543 77 18, Mai–Sept. tgl. 10–19 Uhr). Die Höhle kann mit professionellen Höhlenforschern besichtigt werden, die Tour dauert 2,5 Std. (Jacke und feste Schuhe mitbringen, Helm und Lampe werden gestellt, Juli, Aug. 10, 13, 16 Uhr, Voranmeldung am Stand bei der Brücke Vršić oder unter Tel. 091/512 15 28).

ADAC *Mittendrin*

Als Istrien-Kenner gibt sich zu erkennen, wer im Café den **Kultdrink Pašareta** bestellt – einen knallroten Softdrink, der seit 1924 in Pazin hergestellt und nur in Istrien vertrieben wird. Die scheue Herstellerfamilie Ferenčić verzichtet auf jegliche Werbung, dank sozialer Netzwerke findet das Retro-Getränk jedoch stets neue Anhänger.

entlang des Stadtparks, in der Ul. 25. rujna sowie der Ul. Narodnog doma.

Restaurants

€€ | **Konoba Marino** Der Gasthof im 8 km entfernten Gračišće ist bekannt für traditionelle Hausmannskost (die »maneštra« – einen kräftigen Gemüseeintopf mit Fleischeinlage – probieren). Danach bietet sich der mittelalterliche Ort für einen schönen Spaziergang an.
■ Gračišće 75, Tel. 052/68 70 81

In der Umgebung

Sveta Marija na Škriljinah, Beram
| Kirchenfresken |

 Die Kapelle bezaubert mit farbenfroher Totentanz-Wandmalerei
In der kleinen Friedhofskapelle Sv. Marija na Škriljinah (Muttergottes im Fels) am Rand von Beram (6 km von Pazin) verbirgt sich ein wahrer Freskenschatz: 46 Wandbilder des Meisters Vincent von Kastav von 1474, deren Höhepunkt eine 7 m breite Darstellung eines Totentanzes ist. Darauf geleiten fröhliche Skelette eine Menschenschar – vom Papst bis zum Kind – ans offene Grab.
■ Schlüssel bei der Kustodin in Beram 38 erfragen, Tel. 052/62 29 03, 20 HRK

18 Svetvinčenat

Kleine, aber feine mittelalterliche Kulisse mit venezianischer Burganlage

Das winzige Städtchen wirkt wie aus der Zeit gefallen: Im Zentrum erhebt sich ein gut erhaltenes Kastell, das eine perfekte Kulisse für Mittelalter-Events bildet. Nebenan erstreckt sich ein Renaissancemarktplatz mit Steinbrunnen, Loggia und Kirche.

Sehenswert

Kaštel Grimani-Morosini
| Burg |
Das mittelalterliche Bollwerk erhielt venezianische Türmchen, die als Kerker dienten. In der Saison verwandelt sich der Burghof in einen Mittelalterpark mit Bogenschießen und Fluchtspielen für Kinder und Jugendliche.

Kinder

Sveti Mihail Ritter oder Burgfräulein auf Zeit? Das kann der Nachwuchs in dieser hölzernen, nachgebauten Festung sein, wo Klettern, Bogenschießen, ein Labyrinth und eine Reihe von Haustieren warten. ■ Im Dorf Rapanji (2 km von Svetvinčenat, ausgeschildert), www.facebook.com/MTPsanchmichael, im Sommer tgl. 15–22 Uhr, 40 HRK, erm. 30 HRK, Kinder unter 6 Jahren frei

Events

Einmal pro Woche wird es mit Fackeln und Rittern bei den **Mittelalternächten** im Kastell Grimani-Morosini richtig stimmungsvoll. ■ Juli, Aug., Tel. 092/285 76 10, 80 HRK, erm. 50 HRK, Kinder unter 5 Jahren frei

Meister Albert von Konstanz schuf die Fresken im Heiliggeistkirchlein von Bale

19 Bale

Romantisches Wehrstädtchen mit bohemehaftem Charme

ℹ Information

■ TZO, Rovinjska 1, 52211 Bale, Tel. 052/ 82 42 70, www.bale-valle.hr

Das von wuchtigen Mauern umschlossene Kastell thront auf einem sanften Hügel, umgeben von Olivenhainen und Weinbergen. Beim Schlendern durch die beiden schneckenförmig gewundenen Gassen der Altstadt kann man liebevoll restaurierte Fassaden venezianischer Gebäude in dem angenehm verschlafenen Ort entdecken.

Sehenswert

Palača Soardo-Bembo
| Palast |
Der imposante Natursteinpalast aus dem 16. Jh. wird von zwei früheren Wehrtürmen flankiert. Schmuckstück ist der Mitteltrakt mit Balkon und Arkadenfenstern. Auf den rauschenden Festen, die die venezianische Herrscherfamilie Bembo im 17. Jh. hier ausrichtete, amüsierte sich u.a. Casanova. Heute trifft sich in dem Palazzo die italienischstämmige Gemeinde. Regiert wird die Stadt gegenüber im rot gestrichenen Rathaus mit seiner schönen Eingangsloggia.
■ Kaštel 1, Juli, Aug. tgl. 8–21, Mo–Fr 8–16 Uhr

Crkva Sv. Duha
| Kirchenfresken |
Das unscheinbare Kirchlein aus dem 15. Jh. lohnt den Besuch wegen der bunten Freskenmalereien des deutschen Meisters Albert aus Konstanz am Bodensee. Sie stellen Bibelszenen wie das Letzte Abendmahl dar – mit einer Brezel als Beilage.
■ Bembo 7, Tel. 052/82 40 80, in der Pfarrei nach dem Schlüssel fragen, falls tagsüber geschlossen

Kneipen, Bars und Clubs

Kamene Priće »Steinerne Geschichten« bedeutet der Name dieser in einem alten Natursteinhaus logierenden Kneipe, die als eine der besten Jazzbühnen Istriens gilt. ■ Kaštel 57, Tel. 052/82 42 35, www.kameneprice.com, tgl. 10–23 Uhr, ab 19 Uhr »kinderfrei«

 Kinder

MMC Ulika Die Dinosaurier sind los! Zumindest, seit im Jahr 1992 in der Meeresbucht Kolone, unweit von Bale, die Fußstapfen eines Dinos gefunden wurden. Das moderne kleine Multimedia-Center informiert nun über die Urzeitriesen, widmet sich aber auch den in der Umgebung nistenden Vogelarten. ■ Rovinjska 1, Juli, Aug. Mo–Fr 8–21, Sa 8–12, 17–21, So 8–13, Sept.–Dez. Sa, So 8–16 Uhr, 20 HRK, erm. 15 HRK, unter 12 Jahren frei

20 Vodnjan

Venezianisches Städtchen mit recht rätselhaften Heiligenmumien

 Information

■ TZ, Narodni trg 3, 52215 Vodnjan, Tel. 052/51 17 00, www.vodnjandignano.com

Die auf einer Anhöhe im Hinterland gelegene Kleinstadt liegt inmitten einer landwirtschaftlich intensiv genutzten Region, die insbesondere für ihre Wein- und Olivenölproduktion bekannt ist. Schon die römischen Kaiser schätzten das Öl aus Vodnjan. Im venezianisch geprägten Ortskern gruppieren sich einige schmucke Bürgerhäuser rund um den Hauptplatz.

 Sehenswert

Sveti Blaž
| Kirche |

Die dem hl. Blasius geweihte Pfarrkirche (17. Jh.) mit dem 62 m hohen venezianischen Kirchturm ist das größte Gotteshaus Istriens und bietet auf 56 x 23 m 5000 Gläubigen Platz. Hinter dem Hauptaltar sind in gläsernen Sarkophagen Leichname dreier Heiliger aufbewahrt, die kaum Spuren des Verfalls zeigen – obwohl sie nicht einbalsamiert wurden. Eine wissenschaftliche Erklärung für die Mumien konnte noch nicht gefunden werden. Das in

Im Blickpunkt

Kažun – geliebte Steinhäuser

Kažuni sind Steinhütten mit Kegeldach, die aus flachen Natursteinen ohne jegliches Bindemittel aufgeschichtet wurden, um Feldarbeitern und Hirten Unterschlupf vor Unwettern zu bieten und Werkzeug zu lagern. Die traditionellen, an Iglus erinnernden Schutzhütten aus Feldsteinen sind heute ein beliebtes Symbol und – in Miniaturform – ein Souvenir Istriens. Nicht zuletzt dienten sie dazu, überschüssige Steine aus den Weingärten und Olivenhainen zu nutzen. Auf den Feldern um Vodnjan sind noch besonders viele Exemplare erhalten. Im Freilichtmuseum »Park kažuna« wird die Trockenbautechnik an zwei Hütten mit je vier Bauphasen näher erklärt. *Am Kreisverkehr in Richtung Bale im Norden, kostenlose Parkplätze und Kiosk-Infopunkt, Eintritt frei*

der Sakristei untergebrachte Museum sakraler Kunst gehört zu den bedeutendsten seiner Art in Istrien.

■ Sveti Rok 4, Tel. 052/51 14 20, www.zupavodnjan.com, Juni–Sept. Mo–Sa 9.30–19, So 12–17 Uhr, Okt.–Mai nach Voranmeldung, Kirche 15 HRK, Mumien 35 HRK

Öko-Museum Istrian de Dignan
| Museum |

In einem liebevoll restaurierten, alten Haus am Hauptplatz von Vodnjan werden Besuchern alte Traditionen vorgeführt und lokale Spezialitäten wie beispielsweise Olivenöl verkauft.

■ Narodni trg 8, Tel. 099/350 35 90, Voranmeldung erbeten, www.istrian.org

 Restaurants

€€ | **Vodnjanka** Istrische Spezialitäten wie »ombolo« (Schweinekarree) mit Pilzen oder Schnecken mit Polenta. ■ Istarska bb, Tel. 052/51 14 35, Feb.–Dez.

 Einkaufen

Chiavalon Im Angebot sind köstliche Olivenöle von einer Plantage mit 1100 Bäumen. ■ Vladimira Nazora 16, Tel. 052/51 19 06, www.chiavalon.hr

 In der Umgebung

Dvigrad
| Ruinen |

Das verwunschene Ruinendörfchen, das schon im 17. Jh. infolge von Pest und Uskoken-Angriffen weitgehend entvölkert war, wirkt wie ein großer Abenteuerspielplatz: Durch mehrere Torbögen hindurch, an den Überresten von mehr als 200 Häusern und dem einstigen Marktplatz vorbei, führt die Entdeckungstour. Der größte mittelalterliche Ruinenkomplex in Istrien ist frei zugänglich, erfordert jedoch festes Schuhwerk. Nebenan gibt es im Sommer einen überdachten Imbiss mit türkischem Kaffee und Palatschinken.

Im Blickpunkt

Die Kohle von Labin

Bergleute trieben ab dem späten 18. Jh. Stollen tief in den Hügel von Labin, stets auf der Suche nach Kohle für die in Pula stationierte österreichische Marine. Als Labin zwischen den Weltkriegen unter italienischer Herrschaft stand, wurden kroatische Schulen geschlossen und der Gebrauch des Kroatischen in der Öffentlichkeit verboten. Dieser Unmut trieb etwa 600 Kumpel dazu, 1921 gegen die Willkür der Faschisten zu rebellieren: Sie riefen die selbst verwaltete »Labiner Republik« aus, die jedoch schon nach fünf Wochen von italienischen Truppen im Keim erstickt wurde. Als Labin nach dem Zweiten Weltkrieg Istrien zugeschlagen wurde, wanderten die meisten Italiener aus. In den 1960er-Jahren rückten Bergarbeiter aus allen Teilen Jugoslawiens für die italienische Bevölkerungsgruppe nach, um dort Kohle zu fördern. Für sie entstand das moderne, gesichtslose Podlabin unterhalb der Altstadt. Ein Rundmosaik neben dem Stadttor von Labin erinnert heute an den Aufstand von 1921. Der letzte Förderwagen rollte 1999 aus dem Kohlestollen Tupljak.

Dvigrad wurde im 17. Jh. von den Bewohnern verlassen und ist seither eine Geisterstadt

21 Labin

Ehemaliges Bergbaustädtchen mit bunten Palazzi und steilen Treppengassen

 Information

■ TZ, Ulica Alda Negrija 20, 52220 Labin, Tel. 052/85 55 60, www.rabac-labin.com

Das alte Zentrum von Labin (6900 Einw.) mit seinen Renaissance- und Barockpalästen thront auf einer Bergkuppe im Südosten von Istrien auf halber Strecke zwischen Pula und Opatija. Ein Spaziergang der 285 n.Chr. erstmals erwähnten Stadt führt an bunten Fassaden, Palästen, Galerien, Toren und Kirchen vorbei. Vom weithin sichtbaren Campanile öffnet sich ein prächtiger Blick, der bis in den Schwesternort Rabac (S. 47) am Meer reicht.

 Sehenswert

Altstadt
| Stadtbild |
Geschäftig geht es auf dem Hauptplatz Titov trg zu, mit Cafés, Stadtloggia und wenigen Parkplätzen. Bergan weist das Stadttor des hl. Florian mit venezianischem Löwen – zugleich das Labiner Stadtwappen – den Weg in die Altstadt: Der Treppenweg führt zunächst an der 1336 erbauten Marien-Pfarrkirche

ADAC *Mobil*

So romantisch der steile **Treppenweg** mit seinen glatt geschliffenen Pflastersteinen auch wirken mag – für Kinderwagen kann der Weg durch die Altstadt zur Herausforderung werden, und bei Regen wird der nasse Stein zur Rutschpartie.

Ein Spaziergang durch Labin führt über zahlreiche romantische Treppengassen

(Sveta Marija) mit gotischer Rosette vorbei. In ihre Fassade ist der geflügelte venezianische Markuslöwe eingelassen und erinnert daran, unter wessen Herrschaft Labin 1420 bis 1797 stand. Im Inneren beeindrucken die wabenförmige Stuckierung der Decke und sechs Seitenaltäre mit korinthischen Säulen.

Narodni muzej
| Museum |

 Schmucker Barockpalazzo mit Bergbauausstellung

Der nachgebaute Stollen eines Steinkohlebergwerks ist das Glanzstück des Heimatmuseums im karminroten Palazzo Battiala-Lazzarini von 1630. Im Hochparterre heißt es: Helm aufsetzen, Kopf einziehen und »Sretno!« (Glückauf!). Ein niedriger Schacht mit Förderwägen, durch den man sich zwängen kann, vermittelt eine leise Ahnung vom harten Leben unter Tage. Beachtenswert ist auch eine Sammlung lokaler Musikinstrumente wie die istrische Flöte Sopele, deren Klänge auf Knopfdruck ertönen.

■ Ulica Prvog Maja 6, Tel. 052/85 24 77, im Sommer 10–13, 18–22 Uhr, die übrige Zeit verkürzt, 15 HRK

Vidikovac Fortica
| Aussichtsturm |

Der Treppenweg steigt weiter bergan zum höchsten Punkt von Labin auf 320 m. Dort ragt der 35 m hohe venezianische Stadtturm weit über die Dächer der übrigen Häuser empor. Wer schwindelfrei ist, kann nun die Leiterstiegen emporklimmen und anschließend einen herrlichen Rundblick bis hinunter nach Rabac und auf die Kvarner-Bucht genießen.

■ 7 HRK, erm. 3–5 HRK

ADAC *Spartipp*

Kostenlose **Nachtspaziergänge** entführen Besucher bei romantischem Straßenlicht in das historische Labin und gipfeln in einer Verkostung lokaler Spezialitäten. *Auch Deutsch, Juli, Aug. Di 21.30– 23 Uhr, Trinkgeld nicht vergessen!*

Verkehrsmittel

Eine **Bimmelbahn** verkehrt vom Titov trg in Labin ins 4 km entfernte Rabac ans Meer und erspart dort die Parkplatzsuche (im Sommer 9.30–12 und 18–22 Uhr, 10 HRK).

 Parken

Wer am Titov trg vor dem Altstadteingang parken möchte, muss Glück haben (8–22 Uhr, 10 HRK/Std.). Der ausgeschilderte große **Parkplatz** ein Stück unterhalb ist in den meisten Fällen die bessere Wahl (Mai–Sept. 5 HRK/Std., Okt.–April 2 HRK/Std.).

 Cafés

Velo Kafe Stilvolles Café mit beliebter Terrasse auf dem Hauptplatz. Typisch für Labin sind »krafi«, süße Ravioli mit Karamellsoße, die mit Rakija (Grappa) flambiert werden. ■ Titov trg 10, Tel. 052/85 27 45, www.velokafe.com.

 Events

Die **Labin Art Republik** ist im Juli und August eine Hommage an den einstigen Bergarbeiteraufstand – mit Musik, Theater und offenen Kunstgalerien. ■ www.labin-art-republika.com, Mo 19–21, Mi 11–13 Uhr

Im Blickpunkt

Meer und Berge: ein Paradies für Genießer

Unter Feinschmeckern gilt Istrien mit seiner mediterran-kontinentalen Küche längst als Schlaraffenland mit hervorragenden Slow-Food-Restaurants – die vergleichsweise erschwinglich sind. Fisch spielt an der Küste eine große Rolle, Austern gedeihen im Limski kanal vorzüglich, und Kenner schätzen die Scampi der benachbarten Kvarner-Region. Doch auch das »grüne Istrien«, das Landesinnere, hat Bestes zu bieten: Schwarze oder die noch begehrteren weißen Trüffeln aus dem Mirna-Tal finden immer mehr Anhänger. Und das preisgekrönte Olivenöl, vor allem aus Vodnjan, schätzten schon die alten Römer. Heute führt die ausgeschilderte Olivenölstraße »Cesta maslinovog ulja« an silbriggrünen Olivenhainen, Ölmühlen und Hofläden vorbei. Weitere Spezialitäten sind das einheimische Rind Boškarin, luftgetrockneter Pršut (Schinken), Fuži-Nudeln oder Fritaja-Omelett mit wildem Spargel oder Trüffeln. Regionale Küche kommt in traditionellen Gasthäusern auf den Tisch, die »oštarija« oder »konoba« genannt werden. Ein ganz besonderes kulinarisches Kapitel schreiben die ausgezeichneten Weine aus Istrien und von den Inseln des Kvarner Archipels. Malvazija (Malvasier) heißt die autochthone Rebe, die einen frischen Weißwein von stroh- bis goldgelber Farbe mit leichtem Akazienduft hervorbringt. Der Teran funkelt rubinrot im Glas und duftet nach Waldbeeren – kein Wunder, dass eine Bucht im Südosten nach einem Ausruf griechischer Seefahrer der Antike den Namen »Kalavojna« (Welch herrlicher Wein) trägt. Die Kulinarik-Website des Tourismusverbandes bietet einen Überblick über Restaurants, Wein- und Olivenölhersteller (www.istria-gourmet.com, auch als mobile App).

Übernachten

Ein Quartier im Landesinneren Istriens ist eine gute Alternative zu den Ferienhotels am Meer – und schont meist das Urlaubsbudget. Zur Auswahl stehen familiäre Hotels in malerischen Bergstädtchen, Privatzimmer und Apartments. Ein besonderes Erlebnis, vor allem mit Kindern, ist ein »agroturizam«: Dort übernachtet man in einer Ferienwohnung bei einem Bio-Bauern oder Direktvermarkter, der eigenen Wein, Käse oder Grappa herstellt – und seine Gäste damit verwöhnt. In den vergangenen Jahren wurden zudem viele vergessene Natursteinhäuser und mediterrane Villen im Landesinneren hübsch restauriert und werden nun an Urlauber vermietet. Das Beste: Das Meer in Istrien ist nie weiter als eine Autostunde entfernt.

Buje 52

€€ | Casa Romantica La Parenzana Gepflegte Landpension in einem renovierten Gutshof im Weiler Volpia mit behaglichen Zimmern mit Alpen-Charme. Das romantische Gartenlokal mit duftendem Lavendel und knorrigen Olivenbäumen serviert sehr gute regionale Küche. ■ Volpia 3 (2 km nördl. von Buje), 52460 Buje, Tel. 052/72 51 00, www.parenzana.com.hr

€€€ | San Servolo Istriens bekannteste Mikro-Brauerei betreibt auf ihrem Anwesen eine geschmackvolle moderne Hotelanlage. Da darf das Bier auch bei Wellnessanwendungen nicht fehlen – im Beer Spa. ■ Momjanska ul. 7 (3 km von Buje), 52460 Buje, Tel. 052/77 25 05, https://sanservoloresort.com

Buzet 54

€€ | Vela Vrata Stilvoll-rustikale Zimmer mit individueller Note bietet das mittelalterliche Steinhaus mit Innenpool. Herrlicher Blick von der Restaurantterrasse ins Tal, gutes Frühstück. ■ Šetalište Vladimira Gortana 7, 52420 Buzet, Tel. 052/49 47 50, www.velavrata.net

Motovun 60

€ | Agroturizam Toni Die kinderfreundliche Familie Milanović im Dörfchen Brkač vermietet zwei geräumige und gut ausgestattete Apartments mitten in den Weinbergen. Sie betreibt auch einen rustikalen Gastgarten mit Spielplatz, einer Reihe von Haustieren sowie hausgemachten Spezialitäten und Getränken. ■ Brkač 26 a (2 km von Motovun), 52424 Brkač, Tel. 095/5103069

€ | Villa Borgo Das Bed & Breakfast befindet sich in einem renovierten Steinhaus an der Spitze der Altstadt und bietet seinen Gästen moderne Zimmer, ein Apartment und einen herrlichen Ausblick auf das Mirna-Tal. ■ Borgo 4, 52424 Motovun, Tel. 052/ 68 17 08, www.villaborgo.com

€€ | Hotel Kaštel Stilvoll renovierter Altstadtpalast aus dem 17. Jh. mit modernen Zimmern (überwiegend mit Panoramablick), Spa-Bereich und Innenpool. Das Restaurant mit Terrasse bietet eine kreative istrische Küche auf hohem Niveau. ■ Trg Andrea Antico 7, 52424 Motovun, Tel. 052/68 16 07, www.hotelkastel-motovun.hr

Pazin 62

€ | **Agroturizam Ograde** Ruhige Unterkunft im Grünen mit Pool. Regionale Spezialitäten frisch vom eigenen Hof. ■ Lindarski katun 60 (10 km von Pazin), 52000 Pazin, Tel. 052/69 30 35, www.agroturizam-ograde.hr

Bale 64

€ | **Kamene Priče Jazz Apartments** Das historische Steinhaus mit Jazzbar birgt individuell ausgestaltete Apartments. ■ Castel 57, 52211 Bale, Tel. 052/82 42 35, www.kameneprice.com

Labin 67

€€ | **Peteani** Geschmackvoll eingerichtete Zimmer bietet dieses moderne stylische Boutique-Hotel in der Nähe der Altstadt. Das Restaurant ist ebenfalls eine Empfehlung wert. ■ Aldo Negri 9, 52220 Labin, Tel. 052/86 34 04 www.hotel-peteani.hr

€€ | **Kaštel Pineta** Sechs freundliche Apartments in einem Kastel, ca. 25 km

Ein Palast aus dem 17. Jh. beherbergt das charmante Hotel Kaštel in Motovun

von Labin. Vor allem die traditionelle Küche ist empfehlenswert. ■ Sv. Martin 32/b, 52231 Nedešćina, Tel. 052/65 40 45, www.kastel-pineta.com

ADAC *Das besondere Hotel*

Hotel Stancija Meneghetti Luxus pur in wunderbarer Natur: Der Landsitz bei Bale gehört zu den elegantesten »stancije«, wie die Herrenhäuser im istrischen Hinterland heißen. Das gepflegte Anwesen beherbergt Olivenbäume, Weinberge, Swimmingpools und ein Restaurant. Das Meer ist einen 20-minütigen Spaziergang entfernt, dort warten hoteleigene Liegen. €€€ | *Stancija Meneghetti 1, 52211 Bale, Tel. 052/52 88 00, www.meneghetti.hr*

Die Riviera von Opatija und die Stadt Rijeka

Zeitlos elegant? Oder doch lieber urban-modern? Die Kvarner-Bucht zeigt sich in ihrem Herzen besonders vielseitig

In diesem Kapitel:

Die Nordostküste der Halbinsel Istrien gibt sich stilvoll: Nostalgische Seebäder mit Jugendstilvillen, hübsche Badeplätze und ein grünes Gebirge, das kalte Winde vom Festland auffängt, lassen Besucher schwelgen. Entlang der Riviera von Opatija gehen die Badeorte, die schon der K.u.k.-Adel zu schätzen wusste, beinahe nahtlos ineinander über. Die ungleichen Dörfchen Volosko am Meer und Kastav auf einem Felsen sind für ihre vorzüglichen Restaurants bekannt.

Als urbane Metropole mit schöner Flaniermeile, attraktiven Museen und einem Burgberg präsentiert sich die Hafenstadt Rijeka, die sich am Scheitelpunkt der Kvarner-Bucht ausbreitet. Dass Rijeka (ital. Fiume) sich mit dem Titel »Europäische Kulturhauptstadt 2020« schmückt, sorgt seit geraumer Zeit für eine kreative Aufbruchstimmung und spannende neue Museums- und Kulturprojekte.

ADAC Top Tipps:

 Lungomare, Opatija
| Uferpromenade |
Die Promenade führt von Lovran nach Volosko über 12 km. Entlang der nostalgischen Gründerzeitvillen und Grand Hotels wie dem Hotel Kvarner flanierte vor mehr als 100 Jahren schon der Habsburger Adel. 78

 Rijeka
| Großstadt |
Kreativer Zeitgeist hat die Hafenmetropole erfasst: Mit der Kür zur Europäischen Kulturhauptstadt 2020 wird alten Industrie- und Militärobjekten neuer Glanz eingehaucht. 79

ADAC Empfehlungen:

 Naturpark Učka
| Naturpark |
Eine wunderbare Wanderregion: Grüne Bergrücken gewähren schöne Blicke auf die Kvarner-Bucht. 75

 **Peek & Poke Computer-
museum, Rijeka**
| Museum |
In Rijekas Vorzeige-Sammelsurium
sind alte Computer, Spielkonsolen
und Puppen zu bestaunen. 82

 Kaštel Trsat, Rijeka
| Festung |
Zum schönsten Aussichtspunkt der
Stadt führt ein historischer Pilger- und
Treppenweg hinauf. 83

 Na kantunu, Rijeka
| Restaurant |
Ein Lieblingsort der Einheimischen für
frischen Fisch zu fairen Preisen. 83

Mošćenička Draga verfügt über einen der schönsten Strände der Kvarner-Bucht

22 Mošćenička Draga

Populärer Badeort vor der Kulisse des imposanten Učka-Gebirges

 Information

■ TZ, Aleja Slatina 7, 51417 Mošćenička Draga, Tel. 051/73 91 66, www.tz-mosce nicka.hr

Dank der schönen Naturkulisse avancierte Mošćenička Draga (1500 Einw.) zu einem beliebten Badeort an der istrischen Ostküste mit schönem Kieselstrand. In den Sommermonaten tummeln sich zahlreiche Badegäste am Adria-Ufer. Beschaulicher ist das Zentrum des einstigen Fischerorts, der in der Hochsaison zur autofreien Zone erklärt wird. Die Cafés, Eisdielen, Restaurants und kleinen Geschäfte von Mošćenička Draga erwachen vor al-

lem in den Abendstunden zum Leben, wenn die Urlaubsgäste im Anschluss an das Strandprogramm über die von Gründerzeitvillen gesäumte Promenade flanieren.

 Sehenswert

Plaža Sipar
| Strand |
Schmal, aber mehr als 1 km lang und mit herrlichem Blick auf die gegenüberliegende Insel Cres erstreckt sich der weiße Sipar-Kiesstrand an der weiten Bucht Sveta Marina. Sein Geröll stammt aus der Učka-Mündung.

 In der Umgebung

Mošćenice
| Stadt |
Zu Fuß über 756 Treppenstufen oder mit dem Auto die Serpentinenstraße

hinauf erreicht man das mittelalterliche Städtchen, das auf 173 m Höhe über dem Meer thront. Ein massiver Mauerring umrahmt den winzigen Kern, den man durch ein mit dem Wappen der Habsburger geschmücktes Tor (1634) betritt. Gleich daneben gibt ein kleines ethnografisches Museum Auskunft über die Geschichte des Ortes und die Bedeutung des Olivenanbaus für die Region. Eine schmale Gasse führt zur barocken Pfarrkirche Sveti Andreja Apostol (17. Jh.) und einer Loggia aus venezianischer Zeit mit grandioser Aussicht über die Küste.

■ Museum: Sommer tgl. 10–17 Uhr, 10 HRK, erm. 5 HRK

23 Naturpark Učka

 Mächtiger grüner Windfang der Kvarner-Bucht und Wanderziel

Information

■ Park Prirode Učka, Liganj 42, Lovran, Tel. 051/29 37 53, www.pp-ucka.hr

Der lang gestreckte Bergrücken des Naturparks Učka ist eine herrliche Wanderregion mit etlichen markierten Wegen und Ausblicken auf die Adria und die Halbinsel Istrien. Seinen höchsten Gipfel, den kahlen Vojak (1401 m), krönt ein steinerner österreichischer Aussichtsturm von 1911.

In der Nähe des Dörfchens Vela Učka kann man sich an der Kaiser-Joseph-II.-Quelle erfrischen, die Ende des 18. Jh. in einen tempelartigen Bau gefasst wurde. Einblicke in den imposanten Canyon Vela Draga bieten sich auf einem 600 m langen Lehrpfad: Markante Felstürme flankieren die Schlucht, über der Steinadler und Wanderfalken ihre Kreise ziehen.

Restaurants

€€–€€€ | Dopolavoro An der Passstraße in fast 1000 m Höhe kommen deftige Wild-, Pilz- und Peka-Gerichte auf den Tisch. ■ Vela Učka 9, Učka, Tel. 051/29 96 41, www.dopolavoro.hr

Sport

Moutainbiker starten gerne ebenfalls am Poklon-Pass hinauf zum Vojak (insgesamt 14 km, ca. 465 Höhenmeter). Anspruchsvoller sind Fahrten ins Bauerndorf Brest (25 km, 468 hm) oder zum 1272 m hohen Veli Planik (ca. 26 km, 267 hm), der bereits zum Ćićarija-Gebirge (S. 59) gehört. ■ GPS-Daten unter www.istria-bike.com

Wandern

Wanderparkplätze gibt es am **Poklon-Pass** (7 km von Veprinac), von dort 2 Std. Aufstieg zum Vojak; am Ausgang des Učka-Tunnels, wo die Passstraße ansteigt, befindet sich ein weiterer Parkplatz (Ausgangspunkt Lehrpfad).

ADAC *Wussten Sie schon?*

Der Legende nach wollten **Feen**, die im Učka-Gebirge leben, ihre Kräfte beweisen: Sie bauten mit den Steinen aus dem Gebirge in nur einer einzigen Nacht das Amphitheater von Pula. In der Morgendämmerung ließen ihre Kräfte jedoch nach, und die übrig gebliebenen Steine fielen ins Meer: An dieser Stelle seien die Brijuni-Inseln vor der Südwestküste Istriens entstanden, heißt es.

24 Lovran

*Seebad mit altehrwürdiger Noblesse
am Beginn des Lungomare*

 Information

■ TZ, Trg slobode 1, 51415 Lovran, Tel.
051/29 17 40, www.tz-lovran.hr

Lange Strände, schöne Hotels, eine
mittelalterliche Altstadt und die waldreiche Umgebung machen den Reiz
des traditionsreichen Bade- und Kur-
ortes aus. Lovran (4000 Einw.) markiert
das Südende der idyllischen Küsten-
promenade Lungomare, die sich 12 km
über Opatija bis nach Volosko im
Norden am Meer entlangzieht. Seinen
Namen hat Lovran von den Lorbeer-
büschen, die dort weit verbreitet sind.

 Sehenswert

Altstadt
| Stadtbild |
Mittelalterlich präsentiert sich die Altstadt mit ihren verwinkelten, teils von
Bögen überwölbten Gassen und der
Stadtmauer. Den Hauptplatz überragt
die Kirche Sveti Juraj (15. Jh.) mit barocker Fassade und Fresken zur Passions-
geschichte. Ihr Glockenturm leuchtet
senfgelb. Das Portal des benachbarten
Mustaćon-Hauses schmückt das Holz-
schnitzwerk eines »Muselmanenkop-
fes« mit Turban und einem ornamen-
tal wuchernden Schnurrbart.

Kaštel
| Wehrturm |
Der massive Stadtturm – der Reste des
Kastells aus dem 12. Jh. enthält – wurde
hübsch saniert. Im Inneren sind Wechselausstellungen regionaler Künstler

zu sehen. Steigt man hinauf, lässt sich
ein schöner Panoramablick auf Lovran
und die Kvarner-Bucht genießen.
■ Trg slobode 1

Lungomare
| Uferpromenade |
Auf dem Lungomare, der am Hafen
beginnenden Uferpromenade Richtung Opatija, passiert man üppige
Grünanlagen, einige Grandhotels sowie die reizvolle Badebucht Kupalište
Kvarner am subtropisch bepflanzten
Park Komušćak. Wenige Schritte weiter
kommt die um 1900 vom Wiener Archi-
tekten Carl Seidl entworfene Villa Frap-
part ins Blickfeld. Sie vereint kostbare
Materialien wie farbigen Marmor aus
Verona (rosa), Siena (gelb) und Grie-
chenland (blau) und feinstes belgisches
Kristallglas für die Fenster in einem
harmonischen Stilmix aus venezianischer Gotik und floralem Jugendstil.

 Restaurants

€€ | Konoba Kali Traditionelle Gerichte
der Liburnia-Region nach alten Rezep-
ten zubereitet und große überdachte
Terrasse mit Blick übers Meer. Im Dorf
Kali oberhalb von Medveja zu Füßen
des Učka-Gebirges. ■ Kali 39 a, Medveja,
Tel. 051/29 32 68, www.konobakali.hr

 Cafés

Gradska Kavana Das schöne Café of-
feriert Gebäck, Sandwiches, Cocktails
sowie diverse Frühstücksvarianten. ■
Maršala Tita 41

 Einkaufen

Peperoncino Regionale Köstlichkeiten wie Olivenöl, Trüffeln, Učka-Käse

Das Mädchen mit der Möwe an der Hafeneinfahrt ist das Wahrzeichen von Opatija

und Weine von sehr guter Qualität gibt es in dem freundlichen kleinen Laden in der Altstadt. ■ Stari grad 13, www.facebook.com/PeperoncinoLovran

 Events

Die **Kastanienwälder** an den Ucka-Hängen über Lovran tragen im Herbst Edelkastanien, die bei der Marunada im Oktober zu Likör, Kuchen und anderen Köstlichkeiten verarbeitet werden. Berühmt sind auch die **Kirschen** von Lovran, aus denen die Einheimischen bei den Kirschtagen im Juni einen 10 m langen Strudel backen.

 In der Umgebung

Medveja
| Strand |
Auch an dem von Pinien beschatteten schonen Kieselstrand von Medveja, 4 km südlich von Lovran, breiten die Einheimischen gern ihr Badetuch aus.

25 Opatija

Mondänes Seebad der K.u.k.-Epoche an einer herrlichen Uferpromenade

 Information

■ TIC, Ulica maršala Tita 128, 51410 Opatija, Tel. 051/27 13 10, www.visit opatija.com

Grandhotels im Stil des Fin de Siècle und prachtvolle Belle-Époque-Villen, umrahmt von einer blütenreichen subtropischen Vegetation, machen den Charme Opatijas (12 000 Einw.) aus. Das traditionsreiche Seebad, das der Jetset der Donaumonarchie schon Mitte des 19. Jh. als »Perle der Adria« und angesagten Kurort schätzte, bezaubert heute mit seinem nostalgischen Glanz und einer langen Uferpromenade.
Den Grundstein für den modernen Bädertourismus legte der wohlhabende Kaufmann Iginijo Scarpa aus Rijeka,

der im Jahr 1845 eine Villa mit Park errichten ließ und sie nach seiner verstorbenen Gemahlin Angiolina benannte. Schwung in Opatijas Karriere als mondänes Seebad brachte 1873 die Verlängerung der Schienenstrecke der Kaiserin-Elisabeth-Südbahn Wien–Triest bis zur Kvarner Küste. Im Sozialismus blätterte der Glanz des Ortes ein wenig, heute überbieten sich die Hotels an Bequemlichkeit und Luxus.

 Sehenswert

Muzej turizma

| Museum |

Die neoklassizistische Villa Angiolina im gleichnamigen Park war im ausgehenden 19. Jh. der Treffpunkt der gesellschaftlichen Crème de la Crème. Ihre eleganten Säle bieten heute den prunkvollen Rahmen für das Tourismusmuseum: Historische Reiseführer, Ansichtskarten und Strandutensilien vermitteln ein Bild des einstigen Ferienalltags. Eingebettet in eine wunderbare Grünanlage mit Mammut- und Zitronenbäumen, Palmen, Tamarisken und Kamelien mutet diese wie ein botanischer Garten an.

■ Park Angiolina 1, www.hrmt.hr, Sommer tgl. 10–13, 17–21, sonst 10–17/18 Uhr, 15 HRK, erm. 5 HRK, unter 7 Jahren frei

Lungomare

| Uferpromenade |

 Wo schon der österreichische Kaiser am Meer flanierte

Die Uferpromenade, meist nur Lungomare genannt, führt 12 km von Lovran nach Volosko, an beeindruckenden Jugendstilhotels wie dem Hotel Kvarner mit Kristallsaal und großen Lüstern vorbei. Im angrenzenden Park Sveti Jakov erinnert die gleichnamige kleine Kirche aus dem 15. Jh. an die ursprünglich hier errichtete Benediktinerabtei, die Opatija den Namen gab. Der 1900 errichtete Pavillon Šporer mit seinen schlanken Säulen wird heute als Kunstgalerie genutzt. Das Wahrzeichen von Opatija ist die im Jahr 1956 vom Kvar-

Der Lungomare verbindet die Villenorte an der Riviera von Opatija miteinander

ner-Künstler Zvonko Car geschaffene Bronzestatue »Mädchen mit Möwe«.

Parken

Entlang der Hauptstraße Ulica maršala Tita findet sich mit ein wenig Glück ein Parkplatz. Größter ist die Chance im **Parkhaus Slatina**, nahe des Hotels Galeb (Ul. maršala Tita 166, www.gara geopatija.hr, 10 HRK/Std.).

Restaurants

€€€ | **Plavi Podrum** Gourmet-Tempel mit frischem Fisch und Schalentieren am Hafen von Volosko. ■ Obala F. Supila 4, Volosko, Tel. 051/70 12 23, www.plavi podrum.com

Kinder

In der Nähe des Hotel Ambassador erstreckt sich der neu gestaltete, flache Kieselstrand **Tomaševac** mit betonierter Liegefläche und Einstiegsleitern: Eine kleine Wasserrutsche, einen Sandspielplatz und ein Strandcafé gibt es dort. Auch am bekanntesten Strand Opatijas, **Slatina**, führen Leitern und Stufen von der Betonfläche ins Meer.

In der Umgebung

Volosko, Ičići und Ika
| Küstenorte |
Entlang der Riviera von Opatija gehen mehrere Ortschaften fast nahtlos ineinander über: Das frühere Fischerdorf Volosko verfügt über einen kleinen Hafen, um den sich sehr gute Fischrestaurants gruppieren. Ičići und Ika bieten hübsche Strände und sind ein guter Startpunkt für Wanderungen ins Ucka-Gebirge hinauf.

26 Rijeka

7 *Europäische Kulturhauptstadt mit urbanem Hafenflair*

i Information

■ TIC, Korzo 33 a, 51000 Rijeka, Tel. 051/ 33 58 82, www.visitrijeka.hr, Juni–Mitte Okt. Mo–Sa 8–20, So 8–14, Mitte Okt.– Ende Mai Mo–Fr 8–19.30, Sa 8–13.30 Uhr

Eine gesichtslose Hafenmetropole, die man nicht unbedingt sehen muss. Dieses Image haftete Rijeka lange an. Seit ein paar Jahren ist die drittgrößte Stadt Kroatiens (121 000 Einw.) jedoch angesagt und wurde sogar zur Europäischen Kulturhauptstadt 2020 gekürt. Der Titel hat der Stadt weiteren kulturellen Auftrieb gegeben, den man überall spürt: Kunstinstallationen zieren Ampeln, historische Tunnels und Militärobjekte wurden für Besucher geöffnet, Titos frühere Luxusjacht »Galeb« wird vom Rost befreit, und die graffitibesprühte alte Zuckerfabrik hat dem Museum für zeitgenössische Kunst Unterschlupf gewährt. Überhaupt feiert sich Rijeka, was eigentlich nur Fluss heißt, gerne selbst – etwa mit dem größten Karnevalsumzug in Südosteuropa. Die wechselvolle Geschichte – einst ungarischer K.u.k.-Seehafen, später unter italienischer Herrschaft – zeigt sich bis heute in einer spannenden Mischung aus Jugendstilfassaden und sozialistischen Hochhäusern am Stadtrand. Noch ist Rijeka mit gerade mal vier Hotels nicht wirklich auf den Massentourismus ausgerichtet. Hier essen und feiern Sie mit den Einheimischen – doch rasch, ehe sich herumgesprochen hat, wie angenehm aufregend die Stadt wirklich ist.

Sehenswert

Hrvatsko narodno kazalište Ivana Zajca

| Nationaltheater |

Vanilleeisgelb leuchtet die Fassade des Theaters, das nach dem aus Rijeka stammenden Komponisten Ivan Zajc benannt ist. Der Neorenassancebau aus dem 19. Jh. stammt vom Wiener Architektenbüro Fellner & Helmer. Jede Stadt, die auf sich hielt, gönnte sich damals ein Theatergebäude dieses Architektenteams. Das Ebenbild des Komponisten steht im gepflegten Kazališni park, mit Bänken zum Ausruhen.

■ Uljarska 1, www.hnk-zajc.hr

Gradska tržnica

| Markthallen |

Kaum betritt man die gut 100 Jahre alte Fischhalle, steht man schon mittendrin: Frische Sardinen, Doraden und Garnelen liegen auf Eis gekühlt auf Verkaufstischen. Auch wenn Sie nichts kaufen möchten, lohnt das geschäftige Ambiente einen Besuch. Die beiden anderen Markthallen von 1880, ebenfalls Glas- und Stahlkonstrukte, wurden durch die kleinteilige Parzellierung im Inneren stark verändert. Der hübsche Fassadenschmuck passt zum Thema Früchte und Pflanzen. An den Ständen im Freien wird überwiegend regionales Obst und Gemüse verkauft (nur am Vormittag).

ADAC *Wussten Sie schon?*

Auch Rijeka hat einen **schiefen Turm**: Der Glockenturm der Mariä-Himmelfahrts-Kirche (Uznesenja Marijino) neigt sich 40 cm zur Seite. Schuld ist unterirdisches Gewässer des Baches Lešnjak.

ADAC *Wussten Sie schon?*

Rijeka war von 1919 bis 1945 eine **geteilte Stadt**: Der Stadtteil Sušak, östlich des Flusses Rječina, gehörte zu Jugoslawien und wurde zum Seehafen ausgebaut. Die übrige Stadt, ohne Hinterland, fristete hingegen unter italienischer Herrschaft als Fiume ein Schattendasein. Auf dem weitläufigen Tito-Platz und entlang des Mrtvi kanal (»Toter Kanal«) erinnert eine 2018 als Kunstprojekt eingezeichnete rote Linie auf dem Boden, wo die einstige italienisch-jugoslawische Grenze verlief.

Riva

| Uferstraße |

Die Riva säumen hübsche Fassaden, etwa das Neorenaissancegebäude Jadran-Palast (Riva 16), dessen Hauptfassade Steuermann, Kapitäne und Offiziere zieren. Das Bauwerk wurde 1897 für eine ungarische Reederei errichtet, heute hat die kroatische Fährreederei Jadrolinija hier ihren Hauptsitz. Beinahe gegenüber, im Hafenbecken, zieht sich der ca. 2 km lange Wellenbrecher Molo Longo, den die Bewohner gerne für Spaziergänge nutzen, entlang.

Kapucinska crkva

| Kirche |

Die monumentale neugotische Kapuzinerkirche, die der Muttergottes von Lourdes (Crkva Gospe Lurdske) geweiht ist, besticht mit einer braunweiß gestreiften Fassade. Ein doppelläufiger Treppenaufgang führt hinauf in die Oberkirche (1929) mit schmucken Buntglasfenstern, während die Unterkirche (1904) ebenerdig zu erreichen ist. Für einen Glockenturm haben die Spendengelder damals nicht gereicht, denn er fehlt bis heute.

■ Kapucinske stube 5, tgl. 7–12, 16–20 Uhr

Korzo
| Flaniermeile |

In der autofreien Flaniermeile, die nach dem großen Erdbeben 1750 angelegt wurde, trifft man sich zum Shoppen und Bummeln. Straßencafés laden zu einer Kaffee- oder Eispause ein. Schön restaurierte Paläste und Bürgerhäuser wechseln sich mit gesichtslosen sozialistischen Bauten ab. Architektonischer Höhepunkt des Korzo ist der 1873 errichtete, vanilleeisgelbe barocke Stadtturm (Gradski toranj) mit achteckigem Kuppeldach, einer Uhr und Habsburger Doppeladler. Der Turmdurchgang führt zum umgestalteten Koblerov trg, den einladende Restaurants und Cafés säumen. In Richtung Kathedrale verstecken sich Reste eines römischen Tors und Ausgrabungen, umgeben von Wohn- und Bürohäusern.

Katedrala Sveti Vid
| Kathedrale |

Eine hübsche Rotunde im Stil venezianischen Barocks und eine imposante Kuppel, die auf mächtigen Pfeilern ruht: Diese Elemente prägen die dreischiffige Kathedrale Sveti Vid, deren Bauzeit sich ab 1638 stolze 96 Jahre hinzog, da die Mittel knapp waren.

■ Grivica 11, tgl. 9–12, 16–18/20 Uhr

TunelRI
| Militärtunnel |

Der erste Militärtunnel in Rijeka wurde vor wenigen Jahren für Besucher freigelegt und ist 330 m lang. Errichtet wurde er von der italienischen Armee

Rijekas Flaniermeile Korzo wartet mit einem Mix verschiedener Stilrichtungen auf

zu Beginn des Zweiten Weltkrieges – um die Bevölkerung vor Luftangriffen der Alliierten zu schützen.

■ Eingang neben der Kathedrale Sveti Vid und neben der Grundschule Dolac, tgl. 10–20 Uhr, Eintritt frei

Prirodnoslovni muzej
| Museum |

Meeresbewohner der Adria, aber auch Haie und Rochen zeigt das Naturhistorische Museum modern aufbereitet. Ein Tablet, das Sie an der Kasse bekommen, liefert virtuelle Informationen auf Englisch. Beachtenswert ist der Abguss eines Dinosaurier-Fußabdrucks von der Insel Veli Brijun.

■ Lorenzov prolaz 1, www.prirodnoslovni.com, Sommer 9–20 Uhr, übrige Zeit verkürzt, 10 HRK, erm. 5 HRK

Pomosko-povijesni muzej hrvatskog Primorja

| Museum |

Nur fünf Rettungswesten des versunkenen Luxusdampfers »Titanic« soll es weltweit noch geben, eine davon ist im Marine- und Geschichtsmuseum des Kroatischen Küstenlandes zu sehen, das im Jugendstilpalast des früheren ungarischen Gouverneurs logiert. Der Museumspark birgt ein kleines Lapidarium, ein Nebenflügel beherbergt das Stadtmuseum von Rijeka.

■ Muzejski trg 1, www.ppmhp.hr, Mo 9–16, Di–Sa 9–20, So 16–20 Uhr, 20 HRK, erm. 15 HRK

Peek & Poke Computermuseum und Museum der Kindheit

| Museum |

⑮ Kuriose Privatsammlung mit Retro-Technik und -spielzeug

Besucher werden in diesem kleinen Sammlermuseum in eine Zeit zurückversetzt, als Pac-Man-Videospiele in den 1980er-Jahren die Welt revolutionieren. Doch auch Retro-Computer,

Tonbandgeräte und andere sonst verschwundene Gegenstände begeistern. Vieles darf angefasst und ausprobiert werden. Im Nebengebäude ist im zugehörigen Museum der Kindheit (Muzej djetinstva) nostalgisches Spielzeug von früher zu sehen. Highlight ist eine Lego-Nachbildung des Zagreber Nationaltheaters mit 40 000 Steinen.

■ Ul. Ivana Grohovca 2, www.peekpoke. hr, Mai–Okt. Mo–Fr 14–21, Sa 11–16 Uhr, Nov.–März nach Voranmeldung unter Tel. 091/780 57 09, 30 HRK, erm. 10 HRK (Kombiticket mit Museum der Kindheit 50 HRK)

Vom Kastell auf dem Hausberg Trsat öffnet sich ein weiter Panoramablick über Rijeka

Kaštel Trsat
| Festung |

 Rijekas Hausberg mit Burg, Wallfahrtskirche und tollem Ausblick

Gut 550 Stufen führen vom Titov trg auf den Hausberg Trsat (138 m) hinauf: Der Treppenweg Trsatske stube wurde 1531 von Petar Kružić angelegt, dem katholischen Heerführer gegen die Osmanen. Oben angelangt, bietet das gut erhaltene Kastell von Trsat aus dem 13. Jh. einen wundervollen Ausblick auf Rijeka und die Kvarner-Bucht. Gleich in der Nachbarschaft, vorbei an einigen Cafés, erhebt sich die Marien-Wallfahrtskirche Gospe Trsatske (Muttergottes von Trsat) mit angeschlossenem Franziskanerkloster und der sehenswerten Votivkapelle Sv. Nikola (1450): An dieser Stelle sollen der Legende nach Engel das Geburtshaus der Maria von Nazareth einige Jahre zwischengeparkt haben, ehe sie es ins italienische Loreto brachten.

■ Bus Linie 2, Juni–Sept. 9–20, Okt.–Mai 9–17 Uhr, Außengelände bis 23/2 Uhr (siehe ADAC Mittendrin), Eintritt Außengelände frei, Ausstellung 10 HRK, erm. 5 HRK, unter 6 Jahren frei

ADAC *Mittendrin*

Wenn die Sonne untergeht, zieht es die Einheimischen auf die **Festung**. Dann ist es nicht mehr ganz so heiß, und der Sonnenuntergang taucht Rijeka mit seinen Hochhäusern und die Adria in ein zauberhaftes Licht. Dazu ein Sundowner im **Café Vintage** direkt im Burghof – und der Abend ist perfekt. Aber: Nicht zu spät kommen, denn die Plätze im Café sind an warmen Sommerabenden sehr begehrt (Mo–Do 9–23, Fr–So 9–2 Uhr).

 Verkehrsmittel

Taxifahrten sind in Rijeka ein wenig günstiger als anderswo in Kroatien, Stände gibt es am Busbahnhof am Trg Jelačića und am Hauptbahnhof. **Öffentliche Busse** verkehren im 15-Min.-Takt (5–23.30 Uhr). Einzelkarten können beim Fahrer erworben werden, übrige Tickets nur am Kiosk. In der Innenstadt gilt Zone 1 (Tageskarte 20 HRK, einfache Fahrt 15,50 HRK), außerhalb die Zonen 2–4. Städtischer Linienplan unter www.autotrolej.hr. Der Linienbus 32 verkehrt regelmäßig zwischen Rijeka und Mošćenička Draga via Opatija und Lovran. **Öffentliche Fahrräder** gibt es am Molo Longo im Hafen (Sommer 9–21, Winter Fr–So 9–17 Uhr, 0,5 Std. 10 HRK, jede weitere Std. 50 HRK).

 Parken

Der größte innerstädtische **Parkplatz Delta** erstreckt sich neben dem Mrtvi kanal und der Mündung der Riječina im Stadtteil Sušak (5 HRK/Std.). Weitere begrenzte Parkmöglichkeiten bestehen vor dem Hauptbahnhof sowie rund um den Hafen.

 Restaurants

€–€€ | **Bistro Mornar** Modernes Lokal mit karierten Tischdecken zwischen Hafen und Stadtmarkt, das seinen Gästen Fleisch und Fisch serviert. Tipp: Hier gibt es günstige Mittagsgerichte.
■ Riva Boduli 5 a, Tel. 051/31 22 22, www.facebook.com/bistromornar

€–€€ | **Na kantunu** Das helle, freundliche Restaurant ist bei den Einheimischen sehr beliebt. Der Fisch ist hier sagenhaft frisch und exzellent zubereitet, selbst die frittierten

Karneval in Rijeka: Die fünfte Jahreszeit wird auch hier in vollen Zügen gefeiert

Garnelen, Sardinen & Co. schmecken niemals ölig. Draußen sitzt man am Mrtvi kanal, mit Blick auf die alte Containerhalle. Tipp: Mittags werden kleine Gerichte (»marenda«) für unschlagbare 35 HRK serviert, z.B. Sardinen. ■ Demetrova 2, Mo–Sa 8–24 Uhr

Cafés

CukariKafè An eine große Puppenstube erinnert dieses Café mit seiner netten Einrichtung im Vintage-Stil. ■ Trg Jurja Klovića, Tel. 099/888 59 49, www.facebook.com/cukarikafe, Mo–Do 7–24, Fr, Sa bis 2, So 10–22 Uhr

ADAC *Spartipp*

Wer eine »marenda« bestellt, kann das Urlaubsbudget schonen: So nennt man ein kleines Tagesgericht, das vielerorts angeboten wird. Dabei handelt es sich um eine Art frühes Mittagessen, das vor allem Arbeiter gerne bestellen.

Einkaufen

Croatia in a box Eine kleine, aber feine Auswahl an Kleidung und Taschen kroatischer Designer und Souvenirs führt dieser charmante Laden gegenüber der Kathedrale. ■ Grivica ul. 6 a

Events

Der **Karneval** von Rijeka ist ein Mega-Event: Mehr als 100 000 Zuschauer kommen beim großen internationalen Umzug am Sonntag vor Aschermittwoch auf dem Korzo zusammen.

In der Umgebung

Kastav
| Bergstädtchen |
Der mittelalterliche Ort mit Wehrmauer, nordwestlich von Rijeka, thront auf 365 m Höhe. Von der Festung bietet sich ein guter Blick auf die Riviera von Opatija. Hier finden Musikfestivals statt, Highlight ist das jährliche Bluesfestival.

Übernachten

An der Riviera von Opatija reihen sich elegante Traditionshäuser mit Stuckfassaden nebeneinander, die gediegenen Komfort versprechen. Generell gilt, dass Opatija einen Hauch elitärer ist, auch preislich, als die Nachbarorte Ika, Ičići oder Volosko, die direkt ineinander übergehen. Auch in der kühlen Jahreszeit ist Opatija ein reizvolles Ziel. Wer es sich leisten kann, feiert hier Silvester. Im urbanen Rijeka gibt es nur vier Hotels, dafür sind in den vergangenen Jahren viele Hostels (auch mit Einzel- und Doppelzimmern) entstanden sowie 500 Privatunterkünfte. Achten Sie auf das Qualitätszeichen »Kvarner Family«, das gewisse Standards, etwa eine schöne Einrichtung, garantiert.

Mošćenička Draga 74

€ | Villa Kleiner Das familiäre kleine Apartmenthotel mit 14 Wohneinheiten, Pool und Grill bietet einen schönen Blick aufs Meer und ist nur durch die Uferpromenade vom Strand getrennt. ■ Setalište 25. travnja 28, 51417 Mošćenička Draga, Tel. 051/73 75 44, www.villa-kleiner.com

Lovran 76

€€ | Vila Vera Die gepflegte, stilvolle Villa mit traditionellen Holzmöbeln liegt direkt am Lungomare. Guter Service. ■ Šetalište maršala Tita 5, 51415 Lovran, Tel. 051/29 41 20

€€€ | Bristol Gediegener Komfort mit dem Charme des Fin de Siècle, stellenweise ein wenig in die Jahre gekommen, aber toller Meerblick. ■ Šetalište maršala Tita 27, 51415 Lovran, Tel. 051/71 04 44, www.remisens.com

Opatija 77

€€ | Astoria Prächtiger K.u.k.-Palast in Top-Lage mit Meerblick. Gutes Preis-Leistungs-Verhältnis. ■ Ulica maršala Tita 174, 51410 Opatija, Tel. 051/71 17 61, www.hotel-astoria.hr

€€ | Gardenija Vanilleeisgelbes City-Hotel an der Hauptstraße. Tiefgarage, Spielplatz, leckeres Frühstück. Teils verfügen die Zimmer über Meerblick! ■ Ul. maršala Tita 83, 54410 Opatija, Tel. 051/29 50 15, www.milenijhoteli.hr

€€€ | Amadria Park Hotel Milenij Traditionsreiches Luxushotel im Gründerzeitstil mit 94 Zimmern und Suiten, dazu Wellnesscenter mit Pool. ■ Ul. maršala Tita 109, 51410 Opatija, Tel. 051/27 80 16, www.milenijhoteli.hr

Rijeka 79

€€ | Grandhotel Bonavia Gut geführtes, alteingesessenes Stadthotel im Zentrum, nur wenige Schritte vom Korzo entfernt. ■ Dolac 4, 51000 Rijeka, Tel. 051/35 79 80, www.bonavia.hr

€€ | Jadran Direkt über der Adria, in der Nachbarschaft des Containerterminals (2 km östl. des Zentrums), thront dieses gepflegte Hotel mit 69 Unterkunftseinheiten. Unbedingt Meerblick buchen! ■ Šetalište XIII. divizije 46, 51000 Rijeka, Tel. 051/21 66 00, www.jadran-hoteli.hr

Die Inseln der Kvarner-Bucht

Die Inseln sind etwas Besonderes: Sie hüten berühmte Besucherperlen, aber auch ein entschleunigtes Lebensgefühl – mancherorts wie früher

Karstige Kalkfelsen, dunkelgrüne Kiefernwälder und struppige Macchia mit dem Duft von Salbei und Rosmarin – so wunderbar mediterran präsentieren sich die Inseln der Kvarner-Bucht. Die fünf größten unter ihnen offenbaren dem Besucher jeweils ein ganz individuelles Gesicht: Das ausgedehnte Krk lockt mit lebhaften Stränden und einer mittelalterlich ummauerten Inselhauptstadt. Ihre Nachbarin, Cres, gibt sich mit Trockenmauern und silbrig glänzenden Olivenbäumen recht authentisch und ist bei Osor über eine Brücke mit Lošinj verbunden, einer Insel mit zwei hübschen venezianischen Seefahrerstädtchen und immergrünen Kiefernwäldern. Und wer an die Insel Rab denkt, nennt meist die goldgelben Sandstrände und die markanten Glockentürme der gleichnamigen Inselhauptstadt im gleichen Atemzug. Die Insel Pag südlich davon markiert bereits den Übergang zu Dalmatien.

Vielerorts ist die Inselwelt noch so ursprünglich, dass hier die bedrohten weißköpfigen Gänsegeier oder Delfine zu Hause sind. Auf allen Inseln eingestreut sind idyllische Städtchen und Dörfer mit verschachtelt gebauten Häusern, die den Urlaubern unvergessliche Eindrücke bieten.

In diesem Kapitel:

ADAC Top Tipps:

 Lubenice, Cres
| Bergdorf |
Hoch auf einem Felsen 378 m über der Westküste thronendes Bergdörfchen mit weiß leuchtendem Traumstrand unterhalb davon. 93

 Altstadt von Rab
| Stadtbild |
Der auf einer schmalen Landzunge gelegene Altstadtrücken erinnert mit seinem Mauerring und seinen vier Glockentürmen manch einen an ein stolzes Segelschiff. 99

ADAC Empfehlungen:

18 **Vrbnik, Krk**
| Bergdorf |
Weindörfchen auf einem Felsen, hoch
über dem Strand gelegen. 89

19 **Košljun, Krk**
| Klosterinsel |
Malerisches Eiland in der Bucht von
Punat mit wertvoller Bibliothek. 90

20 **Muzej Apoksiomena,
Mali Lošinj**
| Museum |
Der Apoxyomenos ist der Held in diesem modernen Museum: ein antiker
griechischer Bronzejüngling. 96

Ein mit einer Zwiebelkuppel bekrönter Glockenturm ragt über die Dächer von Krk

27 Insel Krk

Über die Brücke geht es auf die gut besuchte und beliebte Badeinsel

 Information

■ TZG (Stadt Krk), Vela placa 1/I, 51500 Krk, Tel. 051/22 14 14, www.tz-krk.hr
■ TZ (Insel Krk), Trg sv. Kvirina 1/II, 51500 Krk, Tel. 051/22 13 59, www.krk.hr
■ Parken siehe S. 91

Eine weit geschwungene, mautpflichtige Stahlbetonbrücke spannt sich zwischen dem Festland zur Insel Krk hinüber, die dadurch ganz unkompliziert mit dem Auto erreichbar ist: Schöne Strände, komfortable Strandhotels, traditionelle Fischlokale und ein vollmundiger Inselwein – die Pfeiler für einen erholsamen Urlaub sind gesetzt. Entsprechend gut besucht ist die Insel im Sommer, vor allem von Urlaubern aus dem deutschsprachigen Raum. Schon die Römer schätzten die landschaftliche Schönheit von Krk, die sie »Insula Aurora«, die goldene Insel, nannten: Wälder im Westen sowie Olivenhaine und Macchia in der Inselmitte bilden einen schönen Kontrast zum von der Bora blank polierten kargen Norden und dem mittelalterlichen Gassengewirr der Inselhauptstadt Krk im Süden.

 Sehenswert

Špilja Biserujka
| Tropfsteinhöhle |
Die nur 110 m lange Tropfsteinhöhle soll in einem ihrer vier Säle einen Schatz hüten, den Schmuggler hier versteckt haben. Das lässt zumindest der Name vermuten, denn »biser« bedeutet im Kroatischen »Perle«. Ein Geländer sichert die Wege ab. In der Nähe lockt das Bergdörfchen Dobrinj mit mehreren Kirchen zum Bummeln ein.

■ Rudine 5, www.spilja-biserujka.com.hr,
30 HRK, erm. 20 HRK, unter 5 Jahre frei

Gefällt Ihnen das?

Von den rund 50 Tropfsteinhöhlen
auf Krk ist nur eine für die Öffentlichkeit zugänglich, dabei ist es
doch so schön kühl darin! Aber:
Die **Höhle Vrelo** bei Fužine
(S. 111) ist mit konstant 8 °C noch
erfrischender, beim Besuch der
Jama Baredine bei Poreč (S. 26)
mit 14 °C kann man die Jacke hingegen getrost im Auto lassen.

Vrbnik
| Bergdorf |

 *Pittoreskes Weindorf auf Klippen
mit wertvollen Handschriften*

Dramatisch drängen sich die Häuser
von Vrbnik auf einer rund 50 m hohen
Klippe an der Ostküste, während sich
zu ihren Füßen ein malerischer Hafen
ausbreitet. Der pittoreske Ort mit seinen engen Kopfsteingassen – eine davon, Klančić, misst sogar nur 43 cm! – ist
für seinen goldgelben autochthonen
Weißwein Vrbnička Žlahtina berühmt,
der in den umliegenden Weinbergen
angebaut wird. Schnuppern Sie doch
mal: Manchmal liegt in den Gassen ein
leichter Geruch nach Rebensaft in der
Luft. Vrbnik war ab dem späten 14. Jh.
eine Glagoliza-Hochburg: Der größte
Schatz aus dieser Zeit sind glagolitische Handschriften, wie die illuminier-
te erste »Vrbniker Missale«, die die Bi-
blioteka Vitezić hütet.

■ Tel. 051/85 74 79, Mo–Fr 13–15 Uhr

Altstadt von Krk
| Stadtbild |

Zwei große Buchten rahmen im Süden der Insel den Hauptort Krk ein.
Die Uferpromenade begleiten Jachten, Fischer- und Ausflugsboote, ehe
das Stadttor Mala Vrata in ein Labyrinth enger Gassen abzweigt. Auf dem
Hauptplatz Vela Placa befand sich zu
römischen Zeiten das Forum. Heute
prägen Cafés und ein venezianischer
Uhrturm mit einem 24-Stunden-Zif-
fernblatt aus dem 15. Jh. den Platz. Von
hier zweigt die Strossmayerova ulica
ab, wo es sich schön bummeln lässt.

Katedrala Uznesenja Marijino, Krk (Stadt)
| Kirche |

Die im 12. Jh. errichtete, dreischiffige
romanische Mariä-Himmelfahrts-Ka-
thedrale besitzt einen für die Gegend
ungewöhnlichen Glockenturm mit einer Zwiebelkuppel. Ihren Turm teilt
sich die Kathedrale mit der benachbarten romanischen Kirche des hl. Qui-
rin (Sveti Kvirin, 10./11. Jh.), die den Bi-
schöfen von Krk einst als persönliche
Kapelle diente. Im Diözesanmuseum
lohnen Sakralgegenstände aus Gold
und Silber, ein eindrucksvolles Gemälde von Paolo Veneziano und ein ver-
goldeter Altaraufsatz einen Besuch.

■ Antuna Mahnića 18

Frankopanski kaštel, Krk (Stadt)
| Kastell |

Dicke Befestigungsmauern erinnern
an die Zeit der Fürsten Frankopan, die
von 1115 bis 1480 hier regierten: Das
Bollwerk wird durch das wuchtige
Kastell durchbrochen, das die Stadt
vor Piraten schützen sollte und das die
Fürsten als Gerichtssaal nutzten. Der
runde Verteidigungsturm auf dem angrenzenden Platz Trg Kamplin ist eine
romantische Kulisse für sommerliche
Konzerte in den Abendstunden.

■ Trg Kamplin, Aufstieg 10 HRK

Košljun

| Klosterinsel |

 Verträumte Klosterstille auf winzigem Eiland in einer Jacht-Bucht

Punat ist ein Badeort mit großer Marina, Wakeboard-Anlage und zahlreichen Eisdielen entlang der Uferpromenade – aber auch Ausgangspunkt für einen Ausflug auf das verträumte Klosterinselchen Košljun. Nur zehn Bootsminuten entfernt breitet sich das fast kreisrunde Eiland aus, das mit grünen Steineichen bedeckt ist. Das dortige Franziskanerkloster hütet eine große Bibliothek mit 30 000 Bänden, zu deren Schätzen glagolitische Schriften gehören. Ein romanisches Kruzifix (12. Jh.) ist der Stolz des Sakralmuseums, eine ethnografische Sammlung zeigt Fischergeräte und anderes.

■ Košljun 1, www.kosljun.hr, April–Okt. Mo–Sa 9.30–17, So 10.30–12.30 Uhr, Anreise mit dem Taxiboot ab Punat 20 HRK (retour), Museum 20 HRK, erm. 10 HRK

Baška

| Badeort |

Einer der beliebtesten Strände Kroatiens erstreckt sich im Süden von Krk: Vela plaža (»Großer Strand«) heißt das fast 2 km lange Sehnsuchtsziel zahlreicher Familien in Baška (1500 Einw.). Für kleinere Kinder ist der flach abfallende Kiesel-Sand-Strand, der von einer Karstlandschaft flankiert wird, ideal. Im Sommer ist hier allerdings ziemlich viel los. Nach dem Badespaß lohnt ein Streifzug entlang der Promenade mit ihren Restaurants und Hotels und durch die verwinkelten Gassen von Baška. Leider auch kein Geheimtipp mehr sind die schönen Buchten, die von der Straße nach Stara Baška abzweigen, und die traumhafte Bucht Vela Luka (Anreise mit dem Taxiboot).

Baščanska ploča

| Steintafel |

Die kleine Kirche Sveta Lucija ist ein berühmter Fundort: Hier tauchte die Tafel von Baška, eine Steinplatte mit eingemeißelten glagolitischen Schriftzeichen aus dem Jahr 1100, auf. Diese Schenkungsurkunde von König Zvonimir an die Benediktiner gilt als eines der ältesten kroatischen Schriftstücke. In der Kirche ist eine Nachbildung der berühmten Tafel zu sehen, die als Altarschranke dient. Das Original wird in Zagreb aufbewahrt.

■ Weiler Jurandvor (1 km nördl. von Baška), www.azjurandvor.com, Juni–Sept. tgl. 9/10–17/19, Juli, Aug. 9–21 Uhr, 25 HRK, erm. 20 HRK

Glagolitischer Pfad

| Skulpturenweg |

Der Glagolitische Pfad führt von Baška zum Pass Treskavac hinauf, den 34 moderne Steinskulpturen säumen, die allerdings einzeln verstreut aufgestellt wurden (Karte bei der TZ).

Verkehrsmittel

Die Maut auf die **Brücke von Krk** (Krčki most) wird nur bei der Auffahrt vom Festland fällig. Sie umfasst auch die Rückreise, ohne erneuten Stopp am Kassenhäuschen. Bei starkem Bora-Fallwind wird die Brücke gesperrt, zumindest für Busse. Der **Flughafen Rijeka/Krk** befindet sich im Norden der Insel, bei Omišalj. Dort sind mehrere Autovermieter ansässig. Shuttlebusse verkehren ins Zentrum von Rijeka (50 HRK/Pers.), mit möglichem Ausstieg in Omišalj und Kraljevica. Ab Valbiska im Süden von Krk legen **Autofähren** auf die Nachbarinseln Cres (Merag) und Rab (Lopar) ab (www.jadrolinija.hr).

Von Baškas beliebtem Strand reicht der Blick hinüber zur karstigen Insel Prvić

 Parken

Die Parkplätze in Baška sind rund um die Uhr **kostenpflichtig** (15. März–15. Nov., 8 HRK/Std., 50 HRK/Tagesticket). In Richtung Camp Zablaće (ausgeschildert) gibt es größere Parkflächen. Wer kein Parkticket hat, muss mit einer Radkralle rechnen. In Krk (Stadt) befinden sich in der Nähe von Kreisverkehr und Busbahnhof Parkplätze, die in der Hauptsaison sehr begehrt sind.

 Restaurants

€€–€€€ | Nada Die beliebte Konoba bietet originelle Genüsse: Salzfisch, Lamm von der Insel und Scampi-Risotto. ▪ Glavaca 22, Vrbnik, Tel. 051/85 70 65, www.nada-vrbnik.hr

€€€ | Rivica Das bekannte Traditionslokal serviert seinen Gästen frisch zubereitete Meerestiere und kroatische Weine. ▪ Ribarska obala 13, Njivice, Tel. 051/84 61 01, www.rivica.hr

 Events

Mittelalter-Jahrmarkt Lovrečeva Auf dem Programm stehen Gaukler, Folklore und Konzerte in der Altstadt sowie im Hafen von Krk. ▪ 8.–10. Aug.

28 Insel Cres

Ursprüngliche Insel mit Trockenmauern und seltenen Gänsegeiern

ℹ Information

▪ TZG, Cons 10, 51557 Cres (Stadt), Tel. 051/57 15 35, www.tzg-cres.hr
▪ Parken siehe S. 94

Beschauliche Ruhe und eine kontrastreiche Natur machen den Reiz der

Karge Vegetation und ein felsiger Untergrund prägen den Nordosten von Cres

dünn besiedelten Insel Cres (2900 Einw.) aus: Die Landschaft wechselt von der steil abfallenden Küste im Norden über karstige Anhöhen hin zu den von charakteristischen Trockenmauern durchzogenen, kargen Schafweiden in der Inselmitte und zur immergrünen Macchia im Süden. Über eine Länge von 66 km zieht sich die schmale Insel bis zu ihrer südlichen Nachbarin Lošinj, mit der sie über eine winzige Brücke verbunden ist.

 Sehenswert

Beli
| Bergdorf |
Eine schmale Straße schraubt sich in das idyllische Gebirgsdörfchen Beli an der Ostküste hinauf, das 130 m über einem schönen Strand thront. Im Dorf kümmert sich das 92 um die selten gewordenen weißköpfigen Gänsegeier: Die größten Greifvögel Europas, mit einer Flügelspannweite von 3 m, lassen sich mit Glück auch hoch am Himmel erspähen. In Kroatien zählt man nur noch 100 Paare. Im Besucherzentrum gibt es Infos über die Arbeit des Ökozentrums Beli.

■ www.belivisitorcentre.eu, Juni–Aug. tgl. 10–18, April, Mai, Sept., Okt. 10–16, Okt.–März 10–14 Uhr, 40 HRK, erm. (7–14 Jahre) 20 HRK, unter 7 Jahren frei

Tramuntana
| Gebirgszug |
Grandiose Ausblicke genießt man von der schmalen Straße, die vom Fährhafen Porozine den rund 450 m hohen Bergsattel der Tramuntana erklimmt. Zu beiden Seiten fällt steil die zerklüftete Küste zum Meer hin ab. Wanderlehrpfade werden von Steinskulpturen mit Glagoliza-Versen gesäumt, zudem werden Einblicke in die Flora und Fauna der Umgebung gewährt.

Cres (Stadt)
| Inselhauptstadt |
Die gleichnamige Inselhauptstadt Cres wirkt beschaulich: Im alten Hafen Mandrač gruppieren sich pastellfarbene Bürgerhäuser vor auf Wasser schaukelnden Fischerbooten. Die Gassen prägen venezianische Palazzi und Bürgerhäuser, auf dem Hauptplatz Trg Frane Petrića vor dem uhrengeschmückten Renaissancetor zur Altstadt lässt sich prima ein Espresso trinken.
Im spätgotischen Patrizierpalais Palača Arsan zeigt das Stadtmuseum (Gradski muzej) u.a. Amphoren, die von einem in der Nähe gesunkenen Handelsschiff aus dem 2. Jh. stammen. Hinter dem

Tor fällt die dreischiffige Kathedrale Sveta Marija Snežna mit feinem Steinmetz-Portal ins Auge. Südlich des alten Hafens gelangt man zum Franziskanerkloster (Sv. Franjo, 14. Jh.), dessen Kreuzgang gerne für stimmungsvolle Sommerkonzerte genutzt wird.

■ Stadtmuseum: Ribarska 7, Tel. 051/ 34 49 63, April–Mitte Juni, Mitte Sept.– Mitte Okt. Di–Sa 9–12, Mitte Juni–Mitte Sept. Di–So 10–13, 19–23 Uhr, 10 HRK

Valun
| Fischerdorf |

Ein Ausflug per Boot oder mit dem Auto über eine schmale Landstraße führt in das 10 km südlich von Cres gelegene Fischerdorf Valun (60 Einw.). Ein schöner Kiesstrand rahmt die azurblaue Bucht ein, hier kann man das Badetuch prima ausbreiten.

Die kleine Pfarrkirche Sveta Marija hütet ein kulturhistorisches Kleinod: die Steintafel von Valun (Valunska ploča), eine zweisprachige, in Latein und Gla-goliza verfasste Grabinschrift aus dem 11. Jh., die hier entdeckt wurde.

Lubenice
| Bergdorf |

Traumhaftes Dörfchen auf einer Klippe mit steilem Strandweg

Dramatisch thront das winzige Dörfchen auf einem Felsen, 378 m hoch über der Westküste. Von hier bietet sich ein herrlicher Blick über Cres und die Kvarner-Bucht. Lubenice bezaubert mit zwei kopfsteingepflasterten Gassen, Natursteinhäusern mit schmalen Durchgängen und gleich fünf Kirchen und Kapellen. Im alten Schulgebäude informiert ein kleines Schafmuseum über die alte Inseltradition.

Sensationell gelb leuchtet der Feinkiesstrand Sveti Ivan unterhalb von Lubenice, ein steiler Serpentinenpfad schraubt sich dort hinunter (45 Min. bergab und die doppelte Zeit bergauf, Wanderschuhe und unbedingt ausreichend Getränke mitnehmen!).

Nach einem steilen Fußweg vom Dorf Lubenice erreicht man diesen herrlichen Strand

Majestätisch thront der Ort Lubenice auf einem 378 m hohen Felsplateau

Südlich davon lockt die Blaue Grotte (Plava grota) in der Zanja-Bucht mit einem türkisblauen Farbspiel, das durch den Lichteinfall entsteht (Wanderschuhe mitführen!). Bequemer geht es mit dem Ausflugsboot von den umliegenden Orten zur Grotte.

Osor

| **Brückendorf** |

Südlichstes Städtchen auf Cres ist das verträumte Osor, das sich vis-à-vis von Lošinj auf einer flachen Landzunge ausbreitet. Die Römer hatten hier einstmals den schmalen Kanal ausgehoben, der die Handelsroute der Bernsteinstraße verkürzte – heute verbindet eine Schwenkbrücke die beiden Inseln miteinander und wird zwei mal täglich geöffnet (9 und 17 Uhr). Reste einer 4000 Jahre alten Stadtmauer umgürten Osor, das einst sogar Verwaltungszentrum der Insel war. Der schmucke Hauptplatz, früher das römische Forum, wird vom Rathaus mit einem Lapidari-

um und dem Stadtmuseum flankiert. Die Highlights dort: eine archäologische Sammlung und ein Modell des mittelalterlichen Osor im ersten Stockwerk. Der frühere Bischofspalast aus dem 15. Jh. dient heute als Gemeindehaus. Osor prägt ein Orchester aus Bronzefiguren, das von kroatischen Künstlern entworfen wurde – eine Hommage an die Sommerkonzerte.

 Verkehrsmittel

Die Insel Cres wird per **Fähre** von Brestova an der istrischen Westküste (25 Min.) angesteuert. Alternative: die Autofähre Valbiska (Krk)–Merag (Cres).

 Parken

Die Stichstraße nach **Lubenice** ist äußerst schmal und beiderseitig mit Trockenmauern gepflastert, mit größeren Fahrzeugen wird das ständige Ausweichen in der Hauptsaison zum Geduldspiel. In **Beli** gibt es wenig Parkmöglichkeiten, die Stichstraße bietet größeren Fahrzeugen ebenfalls kaum Ausweichmöglichkeiten. Die Zufahrt nach **Valun** ist nur zur Anlieferung gestattet, hier befindet sich ein kostenpflichtiger Parkplatz oberhalb des Ortes. In der Stadt **Cres** kann man bei der Ölmühle (Uljara) gegen Gebühr parken.

Restaurants

€€ | **Hibernicia** In dieser urigen Konoba kommen hervorragende Lammgerichte, für die die Insel Cres berühmt ist, auf den Tisch. ■ Lubenice 17, Lubenice (Ort), Tel. 051/52 50 40

€€ | **Nonina Konoba** Taverne mit rustikaler Sommerterrasse im Dörfchen Stivan, in der das Lamm unter der »Peka«-Schmorglocke (Vorbestellung) eine Empfehlung wert ist. ■ Stivan 61, Stivan (Ort), Tel. 092/229 61 90

Einkaufen

Die schmucke Stadtloggia von Cres (15. Jh.) verwandelt sich am Vormittag in einen **Bauernmarkt**.

Events

Traditionsreiche **sommerliche Konzerte**, Osorske glasbene večeri genannt, finden im Juli und August in Osor sowie in Lubenice (nur Fr) statt.

ADAC *Mobil*

In den vergangenen Jahren haben sich **Wildschweine** auf Cres stark vermehrt, vor allem im Norden rund um Beli und im Tramuntana-Gebirge. Fahren Sie daher vorsichtig, vor allem bei Dunkelheit!

29 Insel Lošinj

Vitale Insel mit romantischer Seefahrerstadt und mildem Mikroklima

ℹ Information

■ TZ, Priko 42, 51550 Mali Lošinj, Tel. 051/23 18 84, www.visitlosinj.hr. Das Büro ist auch für Veli Lošinj, Susak, Srakane, Ilovik und Unije zuständig
■ Parken siehe S. 97

Das milde Klima, eine hübsche Meeresküste mit würzig duftenden Pinienwäldern und üppiger, teils tropischer Vegetation machten die 31 km lange und recht schmale Insel zu einem beliebten Urlaubsziel. Schon der K.u.k.-Hochadel schätzte diese Annehmlichkeiten: Er verbrachte die gemäßigten Wintermonate dort zur Kur, flanierte auf schattigen Spazierwegen am Ufer entlang und baute sich imposante Villen in die Buchten, die bis heute an die illustren Gäste erinnern. Die Kuren sind heute zwar ein wenig in den Hintergrund gerückt, dafür stehen bei den meisten Urlaubern Badespaß und Wassersport hoch im Kurs.

Sehenswert

Mali Lošinj
| Stadtbild |
Mali Lošinj ist mit seinen rund 6000 Bewohnern der größte Inselort und wichtigster Hafen. Wer baden will, findet in der Nachbarschaft zahlreiche Buchten und Strände, vor allem entlang der südlich benachbarten und von Kiefern bewachsenen Halbinsel Čikat. Hier stehen, teils restauriert, einige der repräsentativen Adels- und Kapitänsvillen aus der Wende vom 19.

zum 20. Jh. Die kunstvollen Kapitäns-
gräber des Friedhofs erzählen die Geschichte der Seefahrerinsel auf ihre
Weise. Von hier verlagerte sich Ende
des 17. Jh. das Ortszentrum zu der am
Hang erbauten Kirche Male Gospe mit
dem dazugehörigen Kirchplatz. Das
dreischiffige barocke Gotteshaus soll
Reliquien des hl. Romulus bergen.

Lebhaft geht es auf dem dreieckigen,
von Bürgerhäusern flankierten Hafen-
platz Trg Republike Hrvatske zu, der in
die breite, lang gestreckte Riva Lošinjskih Kapetana übergeht. Vor allem
in den Abendstunden mutiert sie mit
ihrer Vielzahl von Cafés und Restaurants zur Flaniermeile.

Palača Fritzy, Mali Lošinj
| Museum |

Im Fritzy-Palast, dem früheren Rathaus
der Stadt, werden in der Kunstgalerie
zwei bedeutende Kunstsammlungen
ausgestellt, die italienische Maler aus
dem 16. bis 20. Jh. und kroatische Meister (20. Jh.) präsentieren.

■ Ul. V. Gortana 35, Tel. 051/23 38 92,
www.muzej.losinj.hr, Ende März–Mitte
Juni Di–Fr 10–13, 18–20, Sa 10–13, Mitte

ADAC *Wussten Sie schon?*

Ein Weg durch den Pinienwald
führt zur Wallfahrtskirche am **Kap
Annunziata**, wo ein- und auslau-
fende Schiffe bestens zu beobachten sind. Früher stoppten Kapitäne
und Matrosen hier zum letzten
Gebet mit ihren Frauen, bevor es
auf See ging. Bis heute ein alter
Brauch: Wenn sie an dieser Stelle
ein Sirenensignal ertönen lassen,
bedeutet das, dass der Kapitän
des passierenden Gefährts von
der Insel Lošinj stammt.

Juni–Mitte Sept. Di–So 10–13, 19–22 Uhr,
die übrige Zeit verkürzt, 35 HRK, erm.
25 HRK, unter 12 Jahren frei

Muzej Apoksiomena, Mali Lošinj
| Museum |

*Antike Bronzefigur vom Meeres-
grund, geschickt in Szene gesetzt*

Das moderne Apoxyomenos-Museum
mit wunderbar gestalteten Räumen
eröffnete 2016 im Kvarner-Palast. Es
widmet sich der Bergung und Restau-
rierung eines griechischen Athleten,
Apoxyomenos (Apoksiomen), der wohl
aus dem 4.–3. Jh. v. Chr. stammt. 1999
wurde die Statue bei Lošinj auf dem
Meeresgrund geborgen und restauriert. Sie reiste lange Jahre um die Welt,
mit Stopp im Pariser Louvre und im
British Museum in London. Nun ist die
berühmte Skulptur wieder vor Ort.

■ Riva lošinjskih kapetana 13, Tel. 051/
73 42 60, www.muzejapoksiomena.hr,
Di–So 9–17 Uhr, Führungen zweimal tgl.,
Reservierung empfohlen, 75/50 HRK, erm.
40/25 HRK (Ostern–Okt./Nov.–Ostern)

Miomirisni otočni vrt, Mali Lošinj
| Kräutergarten mit Laden |

Sehenswert ist der mediterrane Insel-
Kräutergarten am Stadtrand – in dem
es köstlichen Limoncello, Seifen und
Gewürze zu kaufen gibt.

■ Ul. braće Vidulić, Tel. 098/32 65 19,
www.miomirisni-vrt.hr, März–Juni, Sept.–
Dez. 8–15, Juli, Aug. 8.30–12.30, 18–
21 Uhr, Eintritt frei

Veli Lošinj
| Stadt |

Auch wenn »mali« klein bedeutet und
»veli« groß, steht Veli Lošinj nach Ein-
wohnerzahl (knapp 1000) und Bedeutung an zweiter Stelle. Allerdings war

Bunte Häuser mit Terrassencafés säumen den engen Hafen von Veli Lošinj

es die erste Siedlung auf der Insel. Im Hafen liegen Fischerboote, den winzigen Platz an der spitz zulaufenden, fjordähnlichen Meeresbucht rahmt ein Ensemble von bunt angestrichenen schmucken Häusern. Viele der Villen in den schmalen Ortsgassen am Fuß des Berges Sveti Ivan wurden einst von wohlhabenden Kapitänen der Seefahrerinsel erbaut. Blickfang ist die mächtige Barockbasilika Sveti Antun aus dem Jahr 1774 direkt am Hafenbecken, die eine reiche Bildersammlung italienischer Meister hütet. Der wuchtige, nur 17 m hohe Wehrturm am Ende des Hafenbeckens sollte ab 1445 Piratenangriffe abwehren – heute hat hier die Geschichte der Stadt und der Uskoken einen adäquaten Platz auf mehreren Stockwerken bekommen. In der Umgebung von Veli Lošinj hat eine Kolonie von bis zu 150 Delfinen ihr Zuhause gefunden (siehe Im Blickpunkt, S. 98).

■ Museum: Juli, Aug. Di–So 10–13, 19–22 Uhr, die übrige Zeit verkürzt, 35 HRK, erm. 25 HRK, unter 12 Jahren frei

P Parken

In **Mali Lošinj** bietet sich ein gebührenpflichtiger Parkplatz am Hafen an, in **Veli Lošinj** wird oberhalb des Hafens geparkt.

Verkehrsmittel

Die **Drehbrücke in Osor** wird um 9 und 17 Uhr für den Schiffsverkehr geöffnet, Autos müssen dann warten. Die **Autofähre** nach Mali Lošinj verkehrt ab Zadar, mit der **Personenfähre** können Sie ab Pula oder Rijeka anreisen. Vom langen Pier in Mali Lošinj legen zahlreiche Ausflugsschiffe ab, die Urlauber zu den kleineren Inseln im Archipel oder Badeplätzen bringen.

Im Blickpunkt

Große Tümmler mit empfindlichem Gehör

Der zunehmende Lärm unter Wasser, etwa durch Bauprojekte, macht Delfinen ganz schön zu schaffen: Ihr Orientierungssinn wird dadurch empfindlich gestört. Der Lärmpegel, dem die Großen Tümmler ausgesetzt sind, wird im Ökozentrum Plavi svijet (Blue World) in Veli Lošinj demonstriert. Dort erfahren Besucher auch, wie die rund 200 Delfine rund um Lošinj und Cres leben. Wer die bedrohten Meeressäuger in der Natur erleben möchte, kann mit den Experten des Ökozentrums auf Beobachtungstour aufs Meer hinausfahren. Am 1. Juli wird der »Tag des Delfins« mit Aktionen gefeiert. Wer möchte, kann auch einen Delfin adoptieren – und dadurch die Arbeit des Schutzzentrums unterstützen. *Kaštel 24, Veli Lošinj, Tel. 051/60 46 66, www.blue-world.org, Nov.–Mai Mo–Fr 10–14, Juni, Sept. tgl. 10–18, Juli, Aug. tgl. 10–21 Uhr, Beobachtungstouren: www.dolphin-watching.com (350 HRK, erm. 280 HRK)*

Restaurants

€€€ | Olive Tree Modernes, freundliches Restaurant, raffinierte Gerichte und vorzüglicher Kuchen. Im Gastgarten sitzt man romantisch unter Olivenbäumen. ■ Garina 14, Veli Lošinj, Tel. 051/26 86 97, www.hotel-vilaconte.com

Wandern

Der Höhenzug **Osoršćica** im Norden der Insel eignet sich für Wanderungen: Südlich von Nerezine geht es auf den Gipfel Televrina (588 m) hinauf – von hier aus bietet sich eine schöne Fernsicht über das ganze Kvarner Archipel (ca. 5 Std., gute Schuhe anziehen!).

30 Lošinjer Inseln

Autofreie einsame Inselparadiese mit hübschen Badeplätzen

Ruhe und Abgeschiedenheit in weitgehend unberührter Natur bieten die kleinen Eilande Unije (17 km²), Susak (4 km²), Vele Srakane (1 km²) und Ilovik (6 km²) in westlicher und südöstlicher Nachbarschaft Lošinjs. Besonders beliebt ist Susak mit seinen Sandstränden. Vom Hafenareal von Donje Selo mit hübschen Restaurants und Supermarkt führt ein steiler Hohlweg in den alten Ortskern von Gornje Selo mit der Pfarrkirche Sveti Mihovil, die ein romanisches Holzkruzifix (12. Jh.) hütet. Auf Unije kann man durch steppenähnliche Insellandschaft zum Leuchtturm am Südkap oder auf den Berg Kalk (132 m) wandern. Die 2,5 km lange Insel Vele (»Großes«) Srakane (8 Einw.) verspricht wildromantische Badebuchten und die Reste einer prähistorischen Wallburg auf dem 60 m hohen Hügel. Auf Male (»Kleines«) Srakane lebt nur ein Ehepaar. Die blühende »Blumeninsel« Ilovik bietet ebenfalls schöne Badebuchten, die zu Fuß vom Hafen aus erreichbar sind. Personenfähren verkehren ganzjährig ab Rijeka und Mali Lošinj, Autos werden nicht befördert (www.jadrolinja.hr). Ausflugsboote legen von Mali Lošinj ab.

31 Insel Rab

*Sandstrände, Sonnenschein und Alt-
stadtgassen sorgen für Abwechslung*

 Information

■ TIC, Trg Municipium Arba 8, 51281
Rab, Tel. 051/72 40 64, www.rab-visit.com
■ TZ, Lopar bb, 51281 Lopar, Tel. 051/
77 55 08, www.lopar.com
■ Parken siehe S. 103

Die wohl schönste Insel in der Kvarner-
Bucht überrascht auf der dem Festland
zugewandten Seite mit einer kargen
Landschaft, die vom Bora-Fallwind
blankgefegt wurde. Die andere Seite
präsentiert sich hingegen grün, mit
Kiefern, Steineichen und Pappeln, während in der windgeschützten Inselmitte Gemüse kultiviert wird. Überhaupt
spiegelt sich das Grün auch im früheren Namen der Insel: Sie hieß zu römischen Zeiten »Arba«, was »grün« oder

»dunkel« (aufgrund der dichten Wälder,
die es damals noch gab) heißen kann,
später wurde die Insel »Felix Arba«, das
glückliche Arba, genannt. Rab ist für
seine Sandstrände berühmt, die ideal
für kleine Kinder und Nichtschwimmer
sind: Zu den schönsten und bekanntesten gehören die Badeplätze auf der
Halbinsel Lopar, doch auch abseits des
Trubels findet jeder seine ideale Badebucht. Highlight ist jedoch die Altstadt
der gleichnamigen Inselhauptstadt
Rab mit ihren verwinkelten Gassen
und Kirchtürmen – die im Hochsommer sehr viele Besucher anlockt.

 Sehenswert

Altstadt von Rab
| Stadtbild |

 *Vier Kirchtürme sind das Wahrzei-
chen des schmucken Zentrums*
Auf einer schmalen Landzunge schiebt
sich das malerische Städtchen Rab in
die Adria hinein. Die vier Kirchtürme

Die Altstadt von Rab mit ihren schmalen Gassen wurde vorbildlich restauriert

auf dem Altstadtrücken wirken dabei wie ein Segelschiff und sind das Wahrzeichen der Inselhauptstadt. Verwinkelte schmale Gassen ziehen sich durchs Zentrum, umgeben von einem Mauerring, der Uferpromenade und dem Stadtstrand zu Füßen der Altstadt. In den unmittelbar anschließenden Vororten Banjol, Palit und Barbat gibt es viele Privatzimmer und Apartments. Dass die Römer hier einmal herrschten, lässt sich anhand des Stadtbildes noch heute erahnen: In der autofreien Altstadt verlaufen drei Gassen parallel zueinander, durchbrochen von mehreren Querstraßen und Treppenaufgängen. Die mit Steinquadern gepflasterte Srednja ulica (»Mittlere Straße«) gilt als wichtigste Verkehrsader. Sie wird gesäumt von öffentlichen Gebäuden, kleinen Geschäften und hübschen Palazzi, an deren Fassade es Renaissance- und Gotikelemente zu entdecken gibt. Die Donja ulica (»Untere Straße«) orientiert sich zum Hafen hin. Und entlang der Gornja ulica (»Obere Straße«) reihen sich hingegen die wichtigsten Kirchen und Klöster der Stadt aneinander. Die vierte bedeutende Straße der Altstadt bildet die Uferpromenade Riva, die sich an Segelbooten und Jachten vorbei direkt am Ufer entlangzieht – für Autofahrer jedoch eine Sackgasse ist.

Die Ruinen der einstigen Kirche des hl. Johannes stammen aus frühchristlicher Zeit

Trg Municipium Arba, Rab (Stadt)
| Platz |

Der mit Palmen begrünte Trg Municipium Arba öffnet sich zum Meer hin: Hier trifft man sich gerne auf einen Espresso und genießt den Blick auf das geschäftige Treiben am Hafen. Flankiert wird der Platz vom venezianischen Fürstenpalast (Kneževdvor), dessen Balkon von Löwenköpfen getragen wird und der heute Sitz der Stadtverwaltung ist. Durch den Uhrturm hindurch und an der venezianischen Stadtloggia vorbei führt die Srednja ulica zu einem weiteren, ebenfalls zentral gelegenen Platz: Auf dem Trg Svetog Kristofora finden Ritterspie-

le, Fischerfeste und andere bedeutende Veranstaltungen statt. Zur Gornja ulica gelangt man von diesem Platz über einen imposanten Treppenweg namens Bobotina hinauf.

Kormčar, Rab (Stadt)
| Park |

Der ausgedehnte Stadtpark Kormčar mit schönem Baumbestand erstreckt sich rund um die ehemalige Festung Galjarda aus dem 15. Jh.

Crkva Svetog Ivana Evanđelista, Rab (Stadt)
| Ruine |

Dass hier einmal die frühchristliche Basilika des hl. Johannes des Evangelisten stand, daran erinnern heute nur noch Ruinen. Der Glockenturm nebenan stammt aus dem 12. Jh. und ist schon weitaus besser erhalten.

■ Gornja ulica bb

Crkva Svete Justine, Rab (Stadt)
| Kirche |

Schön gelegen am Trg slobode befindet sich diese Kirche mit ihrem Glockenturm (17. Jh.), die unverkennbar schon bessere Zeiten gesehen hat. Von dem kleinen Platz führt eine Treppe zu einem kleinen Strand hinunter.

■ Gornja ulica bb

Samostan Svetog Andrije, Rab (Stadt)
| Kloster |

Das dem hl. Andreas geweihte Benediktinerkloster ist stolz auf den ältesten Kirchturm der Insel, der auf 1181 datiert. Die Glocke ist gut 200 Jahre jünger. Die dreischiffige Kirche Sveta Andrija ist eher schlicht gehalten und gehört zum Klosterkomplex.

■ Ivana Rabljana bb

Crvka Svete Marije Uznesenja, Rab (Stadt)

| Kirche |

Die romanische, aus rosa und weißen Steinquadern erbaute Kirche Sveta Marija Velika firmierte bis zum Jahr 1828 als Kathedrale, ehe die Diözese schließlich aufgelöst wurde. In drei Schiffe gegliedert, beherbergt das Gotteshaus einige Kostbarkeiten wie ein Taufbecken, ein Renaissanceportal aus dem 16. Jh. sowie ein kunstvoll geschnitztes Chorgestühl mit den Wappen wohlhabender Familien aus Rab, rechts und links vom Altar. Der Altaraufsatz ist mit altkroatischen Tierornamenten dekoriert. Zur Kirche gehört der frei stehende Campanile, der mit 26 m der höchste der Insel ist. Sechsstöckig und mit Fensterbögen gestaltet, wurde ihm eine achtseitige Pyramide aufgesetzt. Er gilt als eines der Wahrzeichen von Rab. Eine steile Holztreppe windet sich hinauf zum herrlichen Aussichtspunkt.

■ Sommer tgl. 9.30–13, 19.30–21 Uhr, Kathedrale 7 HRK, Turmbesteigung 15 HRK

Samostan Svete Eufemije, Rab (Stadt)

| Kloster |

Die schöne 2,5 km lange Promenade verbindet die Altstadt Rabs mit dem Franziskanerkloster (13. Jh.), das der hl. Euphemia geweiht ist. Sehenswert sind der Kreuzgang und die Deckenfresken in der barocken Kirche. Das kleine Museum hütet sakrale Schätze.

■ Kampor 19, Mo–Sa 10–12, 16–18 Uhr, 20 HRK, erm. 10 HRK

Kalifront

| Halbinsel |

Westlich des Ortes Kampor, wo sich im Zweiten Weltkrieg ein Konzentrationslager befand, erstreckt sich die Halbinsel Kalifront mit zahlreichen versteckten, schönen Badebuchten, Kiefern- und Eichenwäldern. Sie bildet das Naturschutzgebiet Dundo. Die ca. 270 ha

Die herrlichen Badebuchten der Halbinsel Kalifront laden zu Schnorcheltrips ein

Wald sind ein Paradies für Naturlieb-haber. Autos sind hier nicht zugelassen.

Verkehrsmittel

Die ganzjährige Autofähre von Stinica auf dem Festland nach **Mišnjak** auf der Insel Rab benötigt weniger als 20 Min. (www.rapska-plovidba.hr). Wer nach **Lopar** (Rab) möchte, kann die Autofähre ab Valbiska (Krk) nehmen (ca. 2 Std.). Ohne Auto geht es mit dem **Katamaran** von Rijeka über Novalja (Pag) nach Rab (Stadt) in 1 Std. 45 Min.

Parken

Kostenpflichtige **Parkplätze** gibt es vor der Altstadt von Rab. Am Beginn der Uferpromenade Obala Petra Krešimira befindet sich der zentrale öf-fentliche Parkplatz **Slavija** (Juli, Aug. 12 HRK/Std., übrige Zeit günstiger).

In knapp 20 Minuten geht es mit dem Fährschiff von Stinica auf die Insel Rab

Restaurants

€€ | **Konoba Rab** Beliebtes Lokal mit rustikalem Ambiente in der Raber Alt-stadt. Reservierung empfohlen. ■ Kne-za Branimira 3, Tel. 051/72 56 66

€€€ | **Agatini Vrtovi** Stilvolles Restau-rant im gepflegten Arbiana Hotel. Die regionalen Gerichte werden modern interpretiert, es gibt Spezialitäten wie dalmatinischer roher Schinken, Stein-pilze mit Kräutern, Garnelen-Risotto und Raber Torte. ■ Obala Kralja Petra Krešimira 12, Rab (Stadt), Tel. 051/77 59 00, www.arbianahotel.com

Einkaufen

Kuća Rabske torte Eine Spezialität ist die schneckenförmige Raber Torte, mit Mandeln, Zitronen und einem Schuss

Maraschinolikör. In der Schaubäckerei lässt es sich gut beim Backen zusehen und probieren. Hübsch verpackt gibt es den Kuchen auch als Mitbringsel. ■ Haus der Raber Torte, Dinka Dokule 8, Rab (Stadt), www.rabskatorta.com

Kneipen, Bars und Clubs

Banova vila Rustikale Strandbar mit angenehmer Atmosphäre und Traum-blick aufs Meer. Leckere Burger werden hier ansprechend serviert. ■ Šetalište fra Odorika Badure (Stadtstrand Banova vila), Rab (Stadt), www.facebook.com/BanovaVillaBeachBar, nur im Sommer

Kinder

Rajska plaža Der schöne Sandstrand Rajska plaža (Paradiesstrand) im Nor-

Auf der Rabska fjera gibt sich ein mittelalterlicher Falkner die Ehre

den der Insel bei Lopar erstreckt sich über 1,5 km und fällt herrlich flach ab. Da können selbst die Kleinsten noch ziemlich weit ins Wasser laufen, ehe sie nasse Knie bekommen. In der Nähe, beim Campingplatz Marino, bieten die große Aquagun-Rutsche, Spielplätze, Hüpfburgen, Minigolf, Fahrrad- und Tretbootverleih Abwechslung.

 Events

Die **Rabska fjera** (25.–27. Juli) rund um die historische Altstadt von Rab ist das bekannteste Mittelalter-Festival in ganz Kroatien und hat eine lange Tradition. Stimmungsvoll sind auch die **Sommerkonzerte** in der Hl.-Kreuz-Kirche (Sveti Križ) im Juli und August.

32 Insel Pag

Karge, wildromantische Insel mit Kroatiens berühmtestem Partystrand

 Information

■ TZG Novalja, Trg Brišić 1, 53291 Novalja, Tel. 053/66 14 04, www.visitnovalja.hr
■ TIC Pag, Vela ulica 18, 23250 Pag, Tel. 023/61 12 86, www.tzgpag.hr

Die schroffe Bora, die vom Festland her bläst, hat die Insel Pag in eine verkarstete Felslandschaft verwandelt. Zumindest die Festlandseite. Die andere Seite der 63 km langen Insel, die an ihrer engsten Stelle nur 1,5 km breit ist, gibt sich hingegen ein wenig grüner, mit harten Gräsern und Gebüsch. Berühmt ist Pag für seinen Partystrand Zrće, den hervorragenden goldgelben Pager Käse (»Paški sir«) und seine Spitzenkunst (»Paške čipke«), die hier eine lange Tradition hat. Der Süden von Pag mit der gleichnamigen Inselhauptstadt gehört zur Gespanschaft Zadar, also zu Dalmatien – die Insel wurde dennoch in diesen Band aufgenommen.

 Sehenswert

Pag
| Stadt |
Der Hauptort Pag, etwa in der Inselmitte, war als »Pagus« schon in der römischen Epoche besiedelt und bezaubert mit engen Gassen. Am zentralen Platz Kralja Krešimira IV. steht die Pfarrkirche Marijino Uznesenje. Ihre gotische Fassade schmückt eine Fensterrose. Deren filigrane Ausgestaltung erinnert an die Pager Spitzen, die hier im Ort genäht werden und ein lokaltypisches Souvenir sind. Im Spitzenmuse-

um gegenüber werden die schönsten Exemplare gezeigt. Über die winzige Treppenbrücke in der Altstadt gelangt man zum kleinen Salzmuseum. Die Salzbecken kann man außerhalb davon, in Richtung Zadar, sehr gut sehen.

■ Spitzenmuseum: Juli, Aug. 10–12.30, 20–22 Uhr, Juni, Sept. verkürzt, 10 HRK

■ Salzmuseum: Juli, Aug. 10–13, 19–23 Uhr, Juni, Sept. verkürzt, 10 HRK

Novalja
| Badeort |

Im Nordwesten mit mehreren Stränden ist Novalja der bekannteste Urlaubsort Pags. Die Strandzone von Zrće, 2 km außerhalb (Shuttlebusse), gehört mit diversen Beachclubs zu den angesagtesten Sommerdestinationen bei Europas Jugend. Mit Sport- und Freizeiteinrichtungen, Discos und den wildesten Strandparties weit und breit gilt der Ort als »Ibiza der Adriaküste«. Das Heimatmuseum von Novalja hütet ein Viadukt im Untergeschoss, das einen Eindruck vermittelt, wie in der Antike Wasser befördert wurde.

Halbinsel Lun
| Olivenhaine |

Ganz im Norden der Insel ragt die Halbinsel Lun, auf der man entspannt spazieren gehen kann, mit unzähligen alten Olivenbäumen ins Meer.

 Parken

Die Stadt **Pag** gehört den Fußgängern, man kann kostenpflichtig an der Uferstraße oder direkt vor dem Salzmuseum parken. Am Strand **Zrće** gibt es einen großen Parkplatz.

 Restaurants

€€ | **Na Tale** Gepflegtes Restaurant mit Terrasse und einheimischen Spezialitäten wie Lamm. Zwischen Altstadtrand und Uferstraße. ■ Stjepana Radića 4, Pag (Stadt), Tel. 023/61 11 94

Sanft schaukeln die Boote im Hafenbecken von Pag, dem Hauptort der Insel

Übernachten

Hotelanlagen, von denen man nur wenige Schritte bis zum Meer benötigt? Die gibt es auf der Insel Krk, etwa in den Badeorten Njivice und Malinska an der West-küste oder am Strand von Baška im Süden. Die Hotels auf Cres lassen sich an einer Hand abzählen. Auf der Insel Lošinj bietet Mali Lošinj die meisten Betten, hier stehen auf der schattigen Čikat-Halbinsel Hotelanlagen zur Auswahl – die zwar charmant sind, in der Hauptsaison jedoch ihren Preis haben. Die Altstadt von Rab hat, ebenso wie Lošinj, eine lange Hoteltradition, hier finden sich mehrere kom-fortable Häuser in guter Lage. In Lopar trifft man Familien aus ganz Mitteleuropa, die hier ganz entspannt Badeurlaub machen. Wie anderswo an der Küste gilt auch auf den Inseln: In der ersten Augusthälfte erreichen die Preise ihren Höhepunkt!

Insel Krk 88

€€ | **Blue Waves Resort** Angenehme Hotelanlage mit zwei Pools und Meer-blick am Strand, sehr aufmerksame Re-zeption. ■ Rova 33, 51511 Malinska, Tel. 051/65 40 00, www.bluewaves.com

€€ | **Corinthia Baška Sunny** Angeneh-mes Strandhotel an der Vela Plaža, mit Pool, Wellness und Abendbüfett. ■ Emila Geistlicha 34, 51523 Baška, Tel. 052/46 50 00, www.valamar.com

€€ | **Hotel Argentum** Familiäres Hotel in Strandnähe mit herrlichem Blick auf Vrbnik. Freundliches Personal. ■ Supec 68, 51516 Vrbnik, Tel. 051/85 73 70, www.hotel-argentum.net

€€€ | **Jadran** Das moderne mediterra-ne Hotel mit klimatisierten Zimmern und einfachem Restaurant in lebhafter Atmosphäre direkt am Meer und der Promenade ist beliebt bei Familien. ■ Primorska cesta 29, 51512 Njivice, Tel. 051/66 14 44, www.njiviceresort.com

€€€ | **Villa Eva** Unterhalb der Altstadt erfreut das kleine Hotel am Meer mit eienm schönen Adriablick, zudem bietet es Sauna, Tennisplatz, Spiel-platz und ein Terrassenrestaurant. ■ Zagradi 4, 51513 Omišalj, Tel. 051/84 10 41, www.villa-eva.com

€€€ | **Vila Rova** Gemütliches Bed & Breakfast mit baumbestandener Liegewiese und eigenem Strand. ■ Rova 28, 51111 Malinska, Tel. 051/86 61 00, www.hotel-vila-rova.com

Insel Cres 91

€€ | **Kimen** Modern renoviertes Hotel mit Nebengebäude und Villa in net-ter Badebucht unweit der Stadt. ■ Melin I/16, 51557 Cres (Stadt), Tel. 051/57 33 05, www.hotel-kimen.com

€€ | **Zlatni lav** Die moderne Anlage an der Westküste, 25 km südlich der Stadt Cres, ist geschmackvoll eingerichtet, alle Zimmer haben Balkon. Kleiner Wellnessbereich mit Pool. Auf der Ve-randa mit Meerblick wird eine gute Inselküche serviert. ■ Martinšćica 18d, 51556 Martinšćica, Tel. 051/57 40 20, www.hotel-zlatni-lav.com

Insel Lošinj 95

€€ | **Aurora** Moderne Hotelanlage mit 393 Zimmern und Wellnessbereich.

Fenster zur Adria: Die Terrassen des Hotels Bellevue auf Lošinj öffnen sich zum Meer

Das Haus mit schönem Meerblick liegt umgeben von Kiefernwald an einer Bucht südlich von Mali Lošinj. ■ Sunčana uvala 38, 51550 Mali Lošinj, Tel. 051/66 72 00, www.losinj-hotels.com

€€ | Vila Conte Familiäres, noch recht neues Hotel direkt an der Riva mit 15 Zimmern, geparkt wird außerhalb der Fußgängerzone. Nicht barrierefrei. Angeschlossen ist das sehr gute Restaurant Olive tree. ■ Garina 14, 51551 Veli Lošinj, Tel. 051/26 86 97, www.hotel-vilaconte.com

€€€ | Apoksiomen Charmantes Boutique-Hotel vis-à-vis der Uferpromenade mit 25 Zimmern. Exquisites Restaurant mit guter Weinauswahl, schöne Hotelterrasse. ■ Riva Lošinjskih Kapetana 1, 51550 Mali Lošinj, Tel. 051/52 08 20, www.apoksiomen.com

€€€ | Bellevue An der Küste von Čikat mit Salzwasser-Innenpool, Wellnessbereich mit Sauna und Sportstudio, spezielle Angebote für Allergiker. ■ Čikat bb, 51550 Mali Lošinj, Tel. 051/67 90 00, www.bellevuelosinj.com

Insel Rab 99

€€ | Istra Solide geführtes Hotel zwischen Stadtwald und Hafen. Terrasse, Internet, gutes Frühstück. ■ M. de Dominisa bb, 51280 Rab (Stadt), Tel. 051/72 41 34, www.hotel-istra.hr

€€–€€€ | San Marino Weitläufige Hotelanlage am Paradiesstrand mit fünf Häusern unterschiedlicher Kategorie und insgesamt 540 Zimmern, Restaurants, Bars und mehreren Läden. ■ Lopar bb, 51281 Lopar, Tel. 051/66 77 88, www.imperialrab.com

€€€ | Arbiana Elegantes Art-nouveau-Gebäude, inzwischen komplett restauriert als ideale Verbindung von alter Architektur, Chic und modernem Komfort. ■ Obala kralja Petra Krešimira 12, 51280 Rab (Stadt), Tel. 051/72 55 63, www.arbianahotel.com

€€€ | Imperial Ruhige Lage am Rand des Stadtparks, morgens gibt es ein reichhaltiges Frühstücksbüfett. ■ Palit bb, 51280 Rab (Stadt), Tel. 051/66 77 88, www.imperialrab.com

Die Bergwelt und der Osten der Kvarner-Bucht

Wenn in den Sommermonaten der Asphalt in den Badeorten flirrt, kann ein Ausflug ins Grüne für Erfrischung sorgen

In diesem Kapitel:

Kühn schwingt sich die Jadranska Magistrala, die Adriamagistrale, entlang der Küste nach Süden: mal fast auf Meeresniveau, dann wieder hoch über den glitzernden Wellen. Wer ihr ab Rijeka nach Südosten folgt, kann beliebte Badeorte wie Crikvenica, Selce oder Novi Vinodolski entdecken oder schöne Buchten, begleitet von kargen Felsen – ein wundervoller Kontrast. Wer hingegen aus dem Norden nach Rijeka anreist, staunt über das satte Waldgrün der Bergregion Gorski kotar, das sich mit kargem Karstgestein vermengt.

Gleich drei Nationalparks – die Plitwitzer Seen, der Risnjak und der Nördliche Velebit – locken im Hinterland der Küste mit spektakulären Wasserfällen, dichten Baumkronen und bleichen Kalkfelsen. Solch eine wildromantische Landschaft inspirierte auch die Filmemacher: Sie ließen Indianerhäuptling Winnetou vor schönster Kulisse durch diese Landstriche galoppieren.

ADAC Top Tipps:

10 **Nationalpark Plitwitzer Seen**
| Landschaft |
Türkis, smaragdgrün, azurblau – Kroatiens berühmtester Nationalpark lockt mit atemberaubenden Wasserfällen und Seelandschaften. 118

ADAC Empfehlungen:

21 **Nationalpark Risnjak**
| Landschaft |
Ein Picknickplatz, Waldlichtungen, die Quelle der Kupa und ein Hochsitz halten kleine Wanderer auf dem Waldlehrpfad Leska bei Laune. 110

22 **Roswell-City**
| Filmkulisse |
Blick hinter die Kulissen: die Westernstadt der Winnetou-Neuverfilmung hautnah zum Anfassen. 111

33 Gorski kotar

Waldreiche Berglandschaft mit Höhlen, Stauseen und Filmkulisse

i Information

■ TZG Delnice, Lujzinska cesta 44, 51300 Delnice, Tel. 051/81 21 56, www.tz-delnice.hr
■ TZO Fužine, Sveti križ 2, 51322 Fužine, Tel. 051/83 51 63, www.tz-fuzine.hr

Die grüne, waldreiche Lunge Kroatiens erhebt sich im Hinterland von Rijeka und der Kvarner-Bucht: Unberührte Natur und selbst im Hochsommer angenehme Temperaturen, gemütliche Wandertouren und Mountainbike-Trails – hier finden Aktivurlauber ihr Ziel. Ganz entschleunigt ist auch die Anreise von Norden: Bei Karlovac geht es von der Autobahn in Richtung Rijeka runter, dort führt die »Lujziana« (Lujzinska cesta), die alte Trasse durch

ADAC *Mittendrin*

Delnice, Fužine und andere Ortschaften an die Adriaküste – vor allem Motorradfahrer schätzen diese kurvenreiche Panoramastrecke.

Sehenswert

Nationalpark Risnjak
| Landschaft |

Sattgrüner Bergwald mit felsigen Gipfeln und der Quelle der Kupa
Ein besonders schöner Abschnitt des Gorski kotar hat schon seit 1959 Natio-

Der Lokvarsko-Stausee im Gorski kotar ist von viel urwüchsiger Natur umgeben

nalparkstatus: Risnjak, benannt nach dem Luchs (kroat. »ris«), der sich hier mit Braunbären und Wölfen sein Revier teilt. Laub- und Nadelwälder wechseln sich ab, in höheren Lagen durch schroffe Kalkfelsen unterbrochen. Erfahrene Wanderer erklimmen den höchsten Berg, den Veliki Risnjak (1528 m) mit Berghütte. Die herrliche Quelle des Flusses Kupa, der im weiteren Verlauf zu einem rasanten Bergfluss anschwillt, erreicht man in einer halbstündigen Wanderung vom Dorf Razloge (15 km nördl. von Crni Lug) aus.

■ Haupteingang/Verwaltung: Bijela Vodica 48, Crni Lug (ausgeschildert), www.np-risnjak.hr, 45 HRK, erm. 25 HRK, Kinder unter 7 Jahren frei (Ticket 2 Tage gültig), Verleih von Wanderstöcken (25 HRK), E-Bikes/MTB (200/90 HRK pro Tag), Berghütte Schlosserov dom (43 Betten, Mai–Sept., Voranmeldung: Tel. 099/428 20 72)

Fužine
| Bergstädtchen |

Ein netter Ausflugsort ist das auf 730 m gelegene Bergstädtchen Fužine (800 Einw.), wenn es an der 30 km entfernten Küste zu heiß wird. Eine 7 km lange Betonpromenade umrundet den Stausee Bajersko jezero, der sich prima zu Fuß, mit dem Fahrrad oder mit dem Touristenzug entdecken lässt. Ein Rastplatz mit Picknickbänken direkt am See sowie ein Kiosk-Café auf der gegenüberliegenden Seeseite lohnen einen Stopp. Ganz in der Nähe wird am größeren Lepenica-Stausee gebadet.

Špilja Vrelo
| Tropfsteinhöhle |

Beim Anlegen des Bajer-Stausees 1950 entdeckten Arbeiter diese wunderbare Tropfsteinhöhle mit einem kleinen See. Gut 300 m sind zugänglich, der schmale, ebenerdige Weg ist betoniert, der Zugang daher sogar mit Rollstuhl möglich. Am Ende der Höhle erwartet der »Schatz im Silbersee« die Besucher: ein goldener Styropor-Manitu, der ebenfalls vom neuen Winnetou-Dreh stammt. Tipp: warme Jacke nicht vergessen, da in der Höhle ganzjährig nur 8 °C herrschen.

■ Sommer tgl. 10–18, Winter Sa, So 13–17 Uhr, 30 HRK, erm. 25 HRK

Roswell-City
| Filmkulisse |

㉒ *Was vom Winnetou-Dreh geblieben ist, lockt nun Filmfans an*

Roswell-City hat alles, was ein echtes Westernstädtchen so braucht: einen Saloon, eine Sheriff-Station und eine Kirche. Auf einer gerodeten Waldlichtung gruppieren sich rund ein Dutzend Gebäude, die von den Dreharbeiten der RTL-Neuverfilmung von »Winnetou« (2015/2016) stammen. Eine Pappattrappe der Hauptdarsteller, etwa mit Wotan Wilke Möhring (»Old Shatterhand«) gibt es auch zu sehen, zudem Pferde zum Reiten (gegen Gebühr). Ganze 350 m³ Holz wurden für die Filmkulisse Roswell verbraucht!

Anreise: Von Fužine in Richtung Zagreb (L 5062) fahren, bei der Ausschilderung »Winnetou« abbiegen (dürftig ausgeschildert), dann noch 2 km auf einer staubigen Kies-Schotter-Piste. Eine Alternative ist die 6 km lange Wanderung ab der Tropfsteinhöhle Vrelo.

■ Im Sommer tgl., Nebensaison nur Sa, So 11–17 Uhr, 20 HRK, erm. 10 HRK, unter 6 Jahren frei

 Verkehrsmittel

Hinter der INA-Tankstelle in Fužine startet die touristische **Bimmelbahn**

um den Bajer-See (jeden Sa, So), die bei Bedarf auch bei der Tropfsteinhöhle Vrelo stoppt (14.30 und 16.30 Uhr, 25 HRK, erm. 15 HRK, Karten im Hotel Bitoraj, in der TZ und beim Fahrer).

Restaurants

€ | Pansion NP Risnjak Die rustikale Gaststätte (5 Zimmer) am Haupteingang des NP Risnjak serviert hausgemachte Limonade, Wildgerichte und üppige Tagesmenüs zu fairen Preisen. Tipp: Blaubeerpfannkuchen! ■ Bijela Vodica 48, Crni Lug, www.np-risnjak.hr

 € | Planinarski dom Petehovac Das Ausflugslokal oberhalb von Delnice punktet mit einer wunderschönen Waldlage, einem Aussichtspunkt, einem großen Parkplatz und herzlichem Personal. Tipp: Der hausgemachte Blaubeerstrudel ist sensationell, die Steinpilz-Gnocchi sind zum Niederknien, und der Wacholderlikör Brinjevaca ist regionaltypisch! Zweckmäßige, aber saubere Zimmer werden in der Berghütte ebenfalls vermietet.

Sport

Mehr als 400 km **Radwanderwege** führen durch den Gorski kotar, die Strecken gibt es online unter www.gorskikotarbike.com oder als mobile App (GooglePlay, AppStore). Fahrradverleih in Fužine, Holzbude am Parkplatz hinter der INA-Tankstelle (ohne Reservierung, mechanisches/Elektrofahrrad 40/70 HRK Std.).

Kinder

Leska-Pfad Der 4,2 km lange Waldlehrpfad Leska im Nationalpark Risnjak beginnt am Haupteingang in Bijela Vodica (724 m): Vorbei an Bächen, Waldlichtungen, einem Hochsitz, einer Futterstelle für Rehe und einem typischen Holzschindel-Bauernhaus mit Picknicktisch ist die Strecke auch für jüngere Kinder gut machbar. Am Parkeingang gibt es einen kleinen Klettergarten (20 HRK/30 Min., inkl. Ausrüstung).

Crikvenica

Badestädtchen mit quirligem Strand und einer alten Kurtradition

Information

■ TZG, Trg Stjepana Radića 1 c, 51260 Crikvenica, Tel. 051/78 41 01, www.rivieracrikvenica.com

Crikvenica ist ein netter Badeort mit langem Lungomare und einem herrlich lebhaften Kiesel-Sand-Strand, der die Hauptattraktion ist. Früher war das Städtchen, das als Herz der »Riviera von Crikvenica« gilt, ein mildes Seebad, das der K.u.k.-Adel früh für sich entdeckt hatte. Schon 1888 entstand hier die erste Badeanstalt, nur drei Jahre später folgte das erste Hotel. Nostalgisch gibt sich Crikvenica heute jedoch nur noch an wenigen Plätzen – dafür kann man hier einen schönen Badeurlaub verbringen.

Lungomare
| Uferpromenade |
Spaziergänger, Biker und Inlineskater treffen sich auf dem 8 km langen Lungomare, der Dramalj im Norden und Selce im Süden von Crikvenica miteinander verbindet. Mehrere Gründerzeitvillen erinnern an die Anfänge des Tourismus als mondänes Seebad. Daran knüpft auch der prunkvolle Neo-

renaissancebau des Hotels Kvarner Palace aus dem Jahr 1895 an – damals wie heute die beste Adresse vor Ort. Hier wird die sogenannte Thalasso-Therapie gepflegt, auf die man in Crikvenica traditionell besonders stolz ist. An der Mündung des Flüsschens Dubračina ins Meer erhebt sich das einstmals namensgebende Kirchlein (»crikva« im Dialekt) sowie das frühere Paulinenkloster, in dem heute das Hotel Kaštel untergebracht ist.

Gradska plaža
| Stadtstrand |

Am beliebten Stadtstrand von Crikvenica treffen sich alle: Kinder, die durch das flache Wasser waten, Sportler, die Beachvolleyball spielen, und Menschen, die den Lift für den Einstieg ins Wasser nutzen. Der Kiesel- und Sandstrand bietet kristallklares Wasser und Freizeitaktivitäten wie Tretboote, Wasserrutschen und Spielplätze (Eintritt).

Das Städtchen Crikvenica ist der beliebteste Urlaubsort der Kvarner-Bucht

Verkehrsmittel

Touristenzüge verbinden Crikvenica mit Dramalj (einfache Fahrt 20 HRK, erm. 10 HRK). **Schnellboote** legen ab Crikvenica auf die Insel Krk ab (Klimno, Vrbik, Tel. 098/36 98 46) oder fahren in die Heilschlamm-Badebucht von Šilo, ebenfalls auf Krk (Marinero Tours, Tel. 051/78 64 46, Juli, Aug. 6.30–20 Uhr ab Crikvenica, www.crikvenica-boat.com). Nähere Informationen erhält man vor Ort an den Ständen am Pier.

Parken

Kostenpflichtige öffentliche **Parkplätze** gibt es rund um die Dubračina, in der Nähe des Supermarktes Konzum und beim Stadion.

Restaurants

€€ | **Gostiona Zrinjski** Serviert wird eine traditionelle Küstenküche mit viel Fisch in großen Portionen. ◼ Kralja Tomislava 43, Tel. 051/24 11 16

Cafés

Monty's Dog Beach & Bar Wer mit dem Vierbeiner unterwegs ist, kehrt am Strand Podvorska auf ein Hundebier (!) in diesem Hundecafé ein. ◼ Östlich des Zentrums

Events

Bei den Fischerfesten **Ribarske fešte** in Crikvenica, Selce, Dramalj und Jadranovo wird an Sommerabenden (Juni–Sept.) zu Folkloremusik und Tanz ge-

Badevergnügen auf Beton an der geschwungenen Promenade von Novi Vinodolski

grillt. Höhepunkt ist die traditionelle Fischerwoche in Crikvenica in der letzten Augustwoche.

🚶 Wandern

Der romantische »**Liebespfad**« (Ljubavna cestica) führt von Crikvenica ins schattige Hinterland hinauf, mit einer Reihe von Parkbänken und Ausblicken. Festes Schuhwerk ist ein Muss. Eine Karte ist in der TZG erhältlich.

ADAC *Mobil*

Ein »bb« hinter dem Straßennamen bedeutet auf Kroatisch lediglich »**bez broja**«, wörtlich »ohne Hausnummer«. Die kroatische Bezeichnung für »Straße« heißt »**ulica**« und wird »ul.« abgekürzt oder – nicht wundern – entfällt einfach komplett. Aus »Ulica Kralja Tomislava« wird dann »Kralja Tomislava«.

35 Novi Vinodolski

Badefreuden mit karstigem Hinterland und Kircheninsel im Blickfeld

ℹ Information

■ TZG, Ul. Kralja Tomislava 6, 51250 Novi Vinodolski, Tel. 051/79 11 71, www.tz-novi-vinodolski.hr

Die langen Kies- und Felsstrände in Novi Vinodolski sind beliebt: Schon seit dem ausgehenden 19. Jh. lockt der Ort Feriengäste an. Dabei präsentiert sich das Städtchen im »Weintal« (Vinodol) modern, von historischer Architektur ist wenig vorhanden. Wunderhübsch ist das 200 m entfernte Kircheninselchen San Marino vor dem Stadtstrand, das mitten im Meer thront. Mit dem Auto lässt sich das Hinterland mit seinen vielen Festungsruinen und Aussichtspunkten prima entdecken.

Kaštalet
| **Wehrturm** |

Die verbliebenen Gebäudeteile der heute einfach als Kaštalet bezeichneten Frankopanen-Festung beherbergen das Volksmuseum zur Regionalgeschichte. Interessantestes Exponat ist ein Gemälde, das die Unterzeichnung des Gesetzes von Vinodol festhält. Dabei handelt es sich um das im Jahr 1288 unterzeichnete, älteste Rechtsdokument in slawischer Sprache. Es war bis 1850 in Kraft und sicherte dem einfachen Volk seine Rechte gegenüber ihren Feudalherren. Das Original wird in der Nationalbibliothek in Zagreb aufbewahrt. Rund um das Kaštalet ist ferner die Kirche Sveti Filipa i Jakova mit ihrem 36 m hohen weißen Glockenturm sehenswert.

■ Im Sommer Mo–Sa 9–12, 19–21, So 9–12, Winter Mo–Fr 9–12 Uhr, 10 HRK

 Restaurants

€€–€€€ | Vinodol Das alteingesessene Lokal serviert eine klassische kroatische Küche und offeriert eine große Auswahl an Fischgerichten. Bei der Reservierung unbedingt einen Platz auf der idyllisch über dem Meer gelegenen Terrasse verlangen! ■ Obala Petra Krešimira IV 1 b, Tel. 051/24 45 15, www. restaurant-vinodol.hr

 Sport

Oči Vinodola Eine Panoramaroute führt Mountainbiker wahlweise auf asphaltierten Straßen oder Offroad-Wegen durchs reizvolle Hinterland, immer wieder unterbrochen durch Aussichtspunkte. Ausführliche Infos über diese und andere Mountainbike-Touren hält die Tourist-Info bereit.

Die Route kann streckenweise auch mit dem Auto zurückgelegt werden.

 In der Umgebung

Bribir, Grižane und Drivenik
| **Bergstädtchen** |

Im Hinterland gibt es ehemalige Frankopanen-Türme und Burgen in Bribir, Grižane und Drivenik. Das Kastell in Drivenik ist am besten erhalten, und von der Stadt hat man einen schönen Ausblick auf den Tribalj-See unterhalb.

36 Senj

Uskoken-Stadt mit einem mächtigen Festungsklotz auf einem Hügel

 Information

■ TZG, Stara cesta 2, 53270 Senj, Tel. 053/88 10 68, www.visitsenj.com

Senj gilt mit 7200 Einwohnern als größte Stadt zwischen Rijeka und Zadar und erstreckt sich am Velebit-Kanal, der für

ADAC *Mobil*

Vorsicht vor dem »kalten Föhn«: Mit der »**Bora**«, dem eiskalten, mit Geschwindigkeiten von bis zu 200 km/h von den Bergen herabfegenden Fallwind, ist nicht zu spaßen. Das wissen nicht nur erfahrene Sportsegler. Auch die Besucher kleinerer Inseln sollten jederzeit mit der »Bora« rechnen: Sie kann ohne Vorwarnung den Fährverkehr mehrere Tage lang lahmlegen und damit für unfreiwillige Urlaubserlebnisse sorgen. Auch Brücken und Küstenstraßen können dann gesperrt sein.

ADAC *Wussten Sie schon?*

Die Gassen von Senj und die Burg Nehaj sind Schauplatz des Jugendbuchklassikers »**Die Rote Zora und ihre Bande**« (1941) von Kurt Held. Vor der Originalkulisse wurde die Abenteuergeschichte in den 1970er-Jahren in Senj verfilmt. Eine Broschüre, die bei der TZG erhältlich ist, führt zu den Drehorten.

seine Bora-Fallwinde bekannt ist. Die Stadt war im 16. Jh. Sitz der Uskoken, slawischer Flüchtlinge aus türkisch besetzten Gebieten, die von den Habsburgern hier angesiedelt wurden. Die Uskoken setzten jedoch nicht nur den Türken, sondern auch Venedig zu, mit Billigung der Habsburger. Der venezianisch-österreichische Zank gipfelte in den zweijährigen Uskokenkriegen, ehe die Freischärler 1617 aus Senj verbannt wurden. Geblieben ist der Uskoken-Mythos, der in Senj gepflegt wird.

Altstadt
| Stadtbild |

Von der mittelalterlichen Stadtbefestigung sind noch Teile der Wehrmauer sowie drei von ehemals 13 Türmen vorhanden. Verwinkelte Gassen führen an den östlichen Rand der Altstadt, wo sich der großzügige Trg Cilica, auch »Velika placa« (Großer Platz) genannt, öffnet. Er wird vom einstigen Stadtpalais der Frankopanen flankiert, später Sitz der Bürgermeister. In der Nähe markiert seit 1778 das mit der Krone der Habsburger geschmückte Große Tor (Velika vrata) das Südende der früheren Josefinenstraße (Jozefina), die durch den Gorski kotar bis nach Wien führt.

Kaštel Nehaj
| Festung |

Das quadratische Kastell Nehaj (»Fürchte nichts«) wirkt nahezu uneinnehmbar. Schön restauriert thront es auf einem 62 m hohen Hügel östlich der Stadt und ist stolz auf seine bis zu 3 m

Die Festung Nehaj aus dem 16. Jh. war Hauptsitz des Wehrverbands der Uskoken

dicken Mauern, vier Ecktürme und unzähligen Schießscharten. Im Inneren wird die Geschichte der Uskoken aufgezeigt. Von den Wehrgängen öffnet sich ein herrlicher Blick auf die Stadt und hinüber zur Insel Krk.

■ Mai, Juni, Sept., Okt. tgl. 10–18, Juli, Aug. tgl. 9–21 Uhr, 20 HRK, erm. 10 HRK

 Restaurants

€€ | **Lavlji Dvor** In einem urigen ehemaligen Bauernhaus mit Löwenarkaden im Innenhof werden traditionelle Speisen wie Senjer Schnitzel und Grillspieß auf dem Schwert serviert. ■ Ul. Petra Preradovića 2, Tel. 053/88 21 07, www.lavlji-dvor.hr

 Events

Bei den **Uskoken-Tagen** im Juli geht es mittelalterlich zu. Der Sommerkarneval im August wird tagelang gefeiert und gipfelt in einen bunten Straßenumzug mit 3000 Maskierten (Sa).

37 Nationalpark Nördlicher Velebit

(25) *Wanderparadies mit wenig besuchten Pfaden und Meerblick*

 Information

■ Nationalparkverwaltung Sjeverni Velebit (Kuća Velebita), Krasno 96, 53274 Krasno, Tel. 053/66 53 80, www.np-sjeverni-velebit.hr, Park und Besucherzentrum 70 HRK, erm. 40 HRK, unter 6 Jahren frei (das Ticket ist 3 Tage gültig)

Dichte Nadelwälder, zerklüftete Kalksteingipfel und eingebrochene Dolinen prägen das Bergmassiv Velebit.

Von den westlichen Berghängen und den kargen Gipfeln öffnet sich ein herrlicher Ausblick auf die Inseln in der Kvarner-Bucht. Der 109 km² große nördliche Teil des Gebirgszugs, Sjeverni Velebit (Nördlicher Velebit) genannt, ist der jüngste der acht kroatischen Nationalparks und schmückt sich seit dem Jahr 1999 mit diesem Titel. Seine Vielfalt an Pflanzen und Tieren, darunter Gämsen, Wölfe und ungewöhnliche Schmetterlingsarten, machen ihn einzigartig. Bergwanderer mit Ausdauer schätzen die unberührte, fast menschenleere Natur, durch die es sich tagelang gut wandern lässt.

 Sehenswert

Velebitski botanički vrt
| Botanischer Garten |
Der Botanische Garten Velebit unterhalb der bewirteten Panoramaberghütte Zavižan (ab Krasno 30 Min. Autofahrt, Parkplatz unterhalb) versammelt die rund 300 Pflanzenarten der gesamten Region auf einem kompakten Terrain in 1480 m Höhe.

 Wandern

Bergsteiger können den Nationalpark auf **30 Bergwanderwegen** erforschen, Mountainbiker finden eine Reihe von markierten Strecken. Aktivurlaubern stehen mehrere Hütten für ein einfaches Nachtquartier zur Verfügung (Infos über die Nationalparkverwaltung). Vom Botanischen Garten zweigt ein Wanderweg zum höchsten Gipfel des Nationalparks ab, den **Veliki Zavižan** (1678 m), den man in gut 1,5 Std. erreicht. Wanderschuhe und mehrschichtige Kleidung sind aufgrund rascher Wetterwechsel unbedingt erforderlich!

38 Nationalpark Plitwitzer Seen

 Kroatiens berühmtester Nationalpark mit imposanten Wasserfällen

i Information

■ Nationalparkverwaltung Plitwitzer Seen, 53231 Plitvička Jezera, Tel. 053/75 10 15, www.np-plitvicka-jezera.hr

Der älteste und größte kroatische Nationalpark Plitvička jezera (30 000 ha), der seit dem Jahr 1979 auf der Liste des UNESCO-Weltnaturerbes steht, ist für seine spektakulären Wasserfälle weltberühmt: 16 türkisblaue, ineinander fließende Seen gehen kaskadenförmig ineinander über. Überall strömt das Wasser, staut sich an Sinterterrassen (siehe Kasten Im Blickpunkt unten) und schwappt unter den Plankenwegen, auf denen jährlich bis zu 1 Mio. Parkbesucher entlangpirschen.
Beim Veliki slap, dem größten Wasserfall, stürzt das Wasser gar über einen 78 m hohen Fels in die Tiefe und bildet mit anderen Bächen, die sich hier sammeln, die Korona-Schlucht. Übrigens waren die Plitwitzer Seen Drehort der berühmten Winnetou-Verfilmungen in den 1960er-Jahren, etwa für den Kinofilm »Der Schatz im Silbersee«.

 Sommer tgl. 7–20, Frühling, Herbst tgl. 8–18, Winter tgl. 9–16 Uhr Juli, Aug. 250 HRK, erm. 110/160 HRK, April–Juni, Sept., Okt. 150 HRK, erm. 80/100 HRK, Nov.–März 55 HRK, erm. 35/45 HRK, Kinder unter 7 Jahren frei, auch Zweitageskarten

P Parken

Kostenpflichtige Parkplätze für 7 HRK pro Stunde gibt es am nördlichen Eingang (Ulaz 1 – Rastovača) und 3 km weiter, am südlich gelegenen Eingang (Ulaz 2 – Hladovina). Motorräder parken kostenlos, Wohnmobile kosten maximal 70 HRK pro Tag.

Restaurants

€€ | **Katarina** In dem familiären Gartenlokal mit offenem Grill werden Menüs mit Vor-, Haupt- und Nachspeise zu fairem Preis serviert. Der hausgemachte Strudel gehört einfach dazu!

Im Blickpunkt

Sich fortwährend verändernde Seenlandschaften

Der Prozess der Versinterung, durch den die Sinterbarrieren entstanden sind und sich die Seen gebildet haben, stellt einen außergewöhnlichen universellen Vorgang dar. Das Wasser der Bäche ist kalkhaltig, wie der Untergrund, über den es fließt. Kalk löst sich in Wasser auf und lagert sich in Form von Kristallen von Calciumcarbonat an Moosen im Flussbett ab. Die Poren zwischen den Kristallen verfestigen sich, und es entsteht Travertingestein, das leicht und fest zugleich ist. Das neu entstehende Gestein verändert den Untergrund und gibt der Strömung einen anderen Lauf. So verändert sich die Szenerie fortwährend. Was bleibt, ist eine wunderschöne, bewaldete Gebirgslandschaft, die mit ihrem blaugrünen Farbspiel ein einmalig schönes Naturschauspiel bietet.

Das türkisblaue Wasser der Plitwitzer Seen ergießt sich in unzähligen Kaskaden talwärts

■ Rastovaća 14/1, Rastovaća (ca. 1 km vom Eingang, Ulaz 1), Tel. 091/914 66 93

 Kinder

Mit jüngeren Kindern ist der Weg von Eingang 2 zu Eingang 1 gut machbar, mit dem **Elektroboot** (im Ticketpreis inbegriffen) geht es über den Kozjak-See. Der **Panoramazug** (ebenfalls inbegriffen) bringt den müden Nachwuchs wieder zum Ausgangspunkt zurück. Unterwegs gibt es mehrere Kioske, Bistros, Picknickplätze und Toiletten. Keinesfalls empfehlenswert ist die Mitnahme eines Kinderwagens auf den schmalen Holzstegen – lieber auf eine Babytrage ausweichen.

 Wandern

Sehr beliebt ist die 3,5 km lange Route vom Eingang Ulaz 1 bis zum **Veliki slap**, durch die Schlucht der unteren vier Seen entlang (2–3 Std.). Im Bereich der Seen gibt es sieben **Rundwege** ver-schiedener Länge (3,5–18 km), hinzu kommen vier **Bergpfade** außerhalb des Seenbereichs, wo es ruhiger zugeht (Karte bei der Parkverwaltung). Auf 22 km Bretterpfaden und 36 km Wanderwegen lässt es sich vor allem in der Nebensaison gut wandern.

ADAC *Mobil*

Gut **1 Mio. Besucher** bestaunen jährlich das einzigartige Naturwunder Kroatiens, den Nationalpark Plitwitzer Seen. An schönen Tagen im Juli und August drängen sich bis zu 20 000 Besucher über die schmalen Bretterpfade: Parkplätze sind dann rar, die Schlangen an den Bussen und Panoramazügen ziemlich lang. Wer vor Ort übernachtet, kann die Traumlandschaft ganz in der Frühe noch in aller Ruhe genießen. Ruhiger geht es in der Nebensaison zu, wenn die Flüsse reichlich Wasser tragen und sich die Blätter bunt färben.

Übernachten

Das grüne Hinterland der Kvarner-Bucht, Gorski kotar, lässt sich hervorragend mit dem Auto auf eigene Faust entdecken: Es gibt einige wenige Hotels, dafür viele Privatunterkünfte und Pensionen, aber auch zweckmäßige Berghütten. Die Badeorte an der Riviera von Crikvenica und Novi Vinodol bieten viele Privatzimmer und Pensionen, preislich liegen sie unter der Riviera von Opatija in der westlichen Kvarner-Bucht. Am Eingang zum Nationalpark Plitwitzer Seen betreibt die Parkverwaltung vier Hotels, jedoch gibt es in der Umgebung auch viele komfortable Privatzimmer und Pensionen, umgeben von üppiger Natur.

Gorski kotar 110

€€ | **Hotel Bitoraj** Den ausgestopften Braunbären im Foyer hat sich die Filmcrew für die Winnetou-Neuverfilmung ausgeliehen. Ansonsten wacht er über das gemütliche Hotel im Ortskern, dessen Restaurant für seinen Blaubeerstrudel bekannt ist. ■ Ul. Sveti križ 1, 51322 Fužine, Tel. 051/ 83 00 05, www.bitoraj.hr

Crikvenica 112

€€ | **Hotel Crikvenica** Modernes, freundliches Hotel direkt an der Promenade. Tipp: Meerblick hat man im 5. Stock. Parkplätze gibt es nur wenige, jedoch einen kostenpflichtigen Parkservice. ■ Strossmayerovo Šetalište 8, 51260 Crikvenica, Tel. 051/50 58 00, www.hotel-crikvenica.com

€€ | **Marina** Stilvolles Hotel mit 50 Zimmern und Suiten, hoteleigenem Badeplatz mit Liegen sowie herrlichem Blick auf die Adria und die gegenüberliegende Insel Krk. Vorzügliches Restaurant. 3 km von Crikvenica entfernt, im Badeort Selce. ■ Emila Antića 78, 51266 Selce, Tel. 051/ 76 81 40, www.hotel-marina.net

€€€ | **Kvarner Palace** Nostalgisches Flair der K.u.k.-Epoche im vorbildlich restaurierten Neorenaissancebau unter österreichischer Leitung. Mit Wellnessbereich und Whirlpool mit Meerblick, angeschlossen ist ein ausgezeichnetes Restaurant. ■ Braće dr. Sobol 1, 51260 Crikvenica, Tel. 051/ 38 00 00, www.kvarnerpalace.info

Novi Vinodolski 114

€ | **Pension Maestral** Gute Lage zwischen Strand und Zentrum, sehr freundliches Besitzerehepaar, 15 modern-ansprechende Zimmer mit Balkon bzw. Terrasse. Vergünstigte Parkplätze an der Straße. ■ Korzo hrvatskih branitelja 45, 51250 Novi Vinodolski, Tel. 051/24 59 11, www.maestral.de

Nationalpark
Plitwitzer Seen 118

€€ | **Hotel Degenija** Komfortable, geschmackvolle Unterkünfte, Außenpool, gutes Restaurant. 5 km von den Plitwitzer Seen (Eingang 1) entfernt. ■ Selište Drežničko 57 a, 47245 Selište Drežničko, Tel. 047/782143, www.hotel-degenija.com

Das Magazin mit den schönsten Seiten der Welt!

- Spannende, exklusiv recherchierte Reportagen
- Mehr als 250 brillante und stimmungsvolle Fotos
- Zahlreiche Übersichtskarten und Detailpläne
- Serviceseiten mit Insider-Tipps und Hintergrundinfos

Überall, wo es Bücher gibt, und beim ADAC.
adac.de/shop

Alle zwei Monate neu!

Beim **ADAC Infoservice**, in den **ADAC Geschäftsstellen** sowie auf dem **Internetportal des ADAC** (adac.de) erhalten Sie Informationen zu den Dienstleistungen des Automobilclubs und zu Ihrem Reiseziel. Als **ADAC Mitglied** können Sie zudem das kostenlose **ADAC TourSet® Istrien/Kvarner Bucht** mit vielen Reiseinfos und Karten anfordern oder die **TourSet App** auf dem **Smartphone** oder **Tablet-PC** installieren (adac.de/toursetapp).

Rufen Sie bei Notfällen und Pannen den **ADAC Notruf** bzw. den **ADAC Auslandsnotruf** an. Unser Team steht Ihnen rund um die Uhr zur Verfügung.

ADAC Infoservice

Tel. 0 800/510 11 12
Infos zu allen ADAC Leistungen
(Mo–Sa 8–20 Uhr, gebührenfrei)

ADAC Notruf Deutschland

Tel. 0 180/222 22 22
(24 Std., ca. 6 ct/Anruf, max. 42 ct/Min.
aus deutschem Mobilfunknetz)

ADAC Notruf Mobil-Kurzwahl

Tel. 22 22 22
(Gebühren variieren je nach
Netzbetreiber)

ADAC Auslandsnotruf

Tel. +49/89/22 22 22
(Gebühren variieren je nach
Netzbetreiber und Land)

Internet-Serviceangebote des ADAC für Ihre Reiseplanung

Service	Webadresse
Aktuelle Verkehrslage	adac.de/verkehr
ADAC Routenplaner	adac.de/maps
Infos zu Tankstellen und Spritpreisen	adac.de/tanken
Infos zu mautpflichtigen Strecken	adac.de/maut
Infos zu Fährverbindungen	adac.de/faehren
ADAC TourMail (Aktuelle Infos vor Anreise)	adac.de/tourmail
Informationen für Camper	adac.de/camping
Informationen für Motorradfahrer	adac.de/motorrad
Informationen für Segler und Skipper	adac.de/sportschifffahrt
ADAC Reiseangebote	adacreisen.de
ADAC Autovermietung	adac.de/autovermietung
ADAC Versicherungen für den Urlaub	adac.de/versicherungen
Weltweite Preisvorteile für ADAC Mitglieder	adac.de/vorteile-international

Diese **Produkte des ADAC** könnten Sie interessieren: **ADAC Reiseführer Algarve**, **ADAC Reiseführer Sizilien** und **ADAC Campingführer Südeuropa** – erhältlich im Buchhandel, bei den ADAC Geschäftsstellen und in unserem ADAC Online-Shop (adac.de/shop).

Anreise und Einreise

Auto

Die schnellste Route nach Kroatien verläuft über Österreich und Slowenien: von München nach Salzburg, weiter über den Tauern-/Katschbergtunnel nach Villach, dann durch den Karawankentunnel nach Ljubljana. Zur Westküste Istriens empfiehlt sich die Weiterfahrt über Koper und den Grenzübergang Dragonja/Kaštel nach Kroatien auf die A 9 nahe Umag, die gemeinsam mit der A 8 das sogenannte Istrische (Schnellstraßen-)Ypsilon bildet. Zur Ostküste Istriens und der Kvarner-Bucht geht es von Ljubljana über Postojna, wo ein längerer Abschnitt über charmante Dörfer bis zum kroatischen Grenzübergang Rupa folgt, von dort weiter auf die A 7 in Richtung Opatija bzw. Rijeka oder Krk.

In den Transitländern fallen **Mautgebühren** an: in Österreich mindestens 9 € für die Zehn-Tages-Autobahnvignette sowie die Tunnel-Sondergebühren von 18,70 € je Strecke, in Slowenien mindestens 15 € für die Autobahn-Wochenvignette (Preise für Pkw). Achtung: In Slowenien unbedingt den Kaufbeleg der Vignetten aufbewahren und die Scheinwerfer auch tagsüber anlassen! In Kroatien wird auf Autobahnen und dem istrischen Schnellstraßen-Ypsilon eine nach Entfernung gestaffelte Gebühr erhoben (dazu mehr auf S. 126 unter »Maut«).

Die zweite Hauptroute nach Kroatien führt durch Österreich und Italien: von München geht es über Villach, Udine und Triest (Autobahnmaut ca. 10 €) nach Rijeka (Fiume auf Italienisch). Für Reisende aus der Schweiz empfiehlt sich der St.-Gotthard-Tunnel und die Weiterfahrt über Mailand und Triest.

Entfernungen

München–Rovinj	590 km
München–Rijeka	515 km
Köln–Rovinj	1180 km
Hamburg–Rovinj	1380 km
Wien–Rovinj	570 km
Zürich–Rovinj	794 km
Umag–Pula	85 km
Pula–Rijeka	109 km

Kroatien ist EU-Mitglied, aber noch kein Mitgliedstaat des Schengener Abkommens, weshalb an den Grenzen nach wie vor **Personen- und Fahrzeugkontrollen** durchgeführt werden. Diese wurden zuletzt im Rahmen der EU-Asylpolitik verschärft – die Region gehört zur Transitroute für Geflüchtete aus dem Nahen Osten –, wodurch es insbesondere bei der Ausreise zu Staus an der kroatisch-slowenischen Grenze kommen kann. Zur Entlastung des Hauptgrenzübergangs Dragonja/Rupa dürfen EU-Bürger in Zeiten verstärkter Kontrollen auch sämtliche, bislang nur für die örtliche Bevölkerung vorgesehene Grenzübergänge zwischen Slowenien und Kroatien nutzen. Aktuelle Infos zu etwaigen Grenzwartezeiten hält der kroatische Automobilclub unter www.hak.hr bereit (oben rechts die deutsche Flagge anklicken).

Flugzeug

Über internationale Flughäfen verfügen **Pula** (internat. Abkürzung PUY) und **Rijeka** (RJK), dort befindet sich der Flughafen auf der Insel Krk (bei Omišalj). Nach Pula gibt es in der Sommersaison bis Ende Oktober Direktflüge aus mehreren deutschen Städten, etwa mit der Lufthansa, der nationalen Fluggesellschaft Croatia Airlines oder mit Low-cost-Anbietern wie Easyjet, Eurowings und Ryanair. Ab der Schweiz steuert die Airline Swiss Pula an.

Eine monatliche Übersicht der **Direktflüge** können Sie sich online beispielsweise bei www.skyscanner.de anzeigen lassen. Als Zielort Pula oder Rijeka, als Abflugort Deutschland – für eine bundesweite Übersicht – oder Ihren Heimatflughafen eingeben und beim Reisedatum »ganzer Monat« auswählen. Pauschalreisen (Charterflug inkl. Hotel und Mietwagen) können online oder im Reisebüro gebucht werden und sind oft billiger als die separate Buchung von Flug und Unterkunft.

Vom **Flughafen Pula** fährt ein Shuttlebus u.a. ins Stadtzentrum, nach Medulin, Fažana, Rovinj, Poreč, Novigrad, Rabac und Umag. Tickets kosten einfach 4 € bis 50 €, je nach Entfernung. Auf Online-Tickets unter http://prodaja.fils.hr gibt es etwa 25 % Rabatt.

Der **Flughafen Rijeka** liegt etwa 25 km vom Zentrum entfernt auf der Insel Krk, die mit einer Brücke mit dem Festland verbunden ist. Vom Airport geht ein Shuttlebus nach Rijeka, Opatija, Kraljevica, Omišalj und Crikvenica (Tickets zwischen 3 und 11 €, auch online unter www.autotrans.hr, oben rechts Deutsch auswählen).

An beiden Flughäfen stehen Leihwagen mehrerer nationaler und internationaler Firmen zur Verfügung.

Bahn

Die Kvarner-Bucht lässt sich in der Ferienzeit bequem und ohne Umsteigen mit dem Nachtzug München–Rijeka erreichen, der Sie in etwa 9 Std. 45 Min. nach Opatija-Matulji und Rijeka (und zurück) bringt. In der übrigen Jahreszeit muss man im österreichischen Villach und/oder Ljubljana (SLO) um-

steigen, genießt jedoch das schöne Alpenpanorama bei Tageslicht. Wer rechtzeitig bucht, kann mit den Europa-Sparpreisen sparen.

Der **Bahnhof Rijeka** befindet sich in Hafennähe, die meisten Autovermieter gruppieren sich rund um die Molo Longo (ca. 10 Min. Fußweg), wo auch die Fähren auf die Inseln ablegen. Der Busbahnhof ist etwa 500 m vom Bahnhof entfernt. Istrien ist vom übrigen Bahnnetz abgetrennt: Von Rijeka nach Pula müssen Sie mit dem Bus nach Lupoglav und dort in den Zug nach Pula (mehrmals tgl.) – was jedoch umständlich ist. Einfacher ist der Umstieg in Ljubljana (SLO), dort geht es via Divača (SLO) und Buzet (HR) nach Pula.

Fahrplanauskunft: www.hzpp.hr (Hrvatske željeznice putnički prijevoz), www.bahn.de (Deutsche Bundesbahn), www.oebb.at (Österreichische Bundesbahnen).

Bus

Das kroatische **Fernbusnetz** ist gut ausgebaut und verfügt über viele internationale Verbindungen. Direktbusse nach Rijeka, Crikvenica und Novi Vinodolski in der Kvarner-Bucht gibt es aus mehreren deutschen Städten ganzjährig und täglich mit Eurolines (www.eurolines.de) und Flixbus (www.flixbus.de) sowie aus der Schweiz mit Zelić Reisen (www.zelicreisen.ch). Eine Suchmaschine und ein begrenztes Kontingent an Online-Tickets gibt es z.B. auf der deutschsprachigen Website des kroatischen Vergleichportals www.getbybus.com/de.

Die Fahrzeit nach Rijeka beträgt je nach Verkehrslage aus Frankfurt am Main ungefähr 15 Stunden, aus Stuttgart etwa elf Stunden, aus München etwa acht Stunden (hier empfiehlt sich die Flixbus-Nachtfahrt ab 23.30 Uhr). Tickets für die einfache Fahrt ab München gibt es schon ab 30 €. Bei Eurolines wird pro im Kofferraum verstautem Gepäckstück – bis zu zwei sind regulär erlaubt – eine Zusatzgebühr von 3 € erhoben (Bargeld bereithalten). **Direktbusse nach Istrien**, u.a. nach Poreč, Rovinj und Pula, bietet Flixbus von Ende März bis Anfang November ab München an (Fahrtzeit über Nacht zwischen 9 und 11 Std.). Vom Busbahnhof in Rijeka verkehren ganzjährig im Stundenrhythmus Busse nach Pula (Fahrtzeit ca. 2,5 Std., Ticket ca. 90 HRK/ 12 €) und zu weiteren Städten in Istrien. Einen Fahrplan und ein begrenztes Kontingent an Online-Tickets gibt es bei der »Getbybus«-Tochter www.bus croatia.com.

Einreise und Dokumente

Für einen Aufenthalt von bis zu drei Monaten genügt für EU-Bürger und Schweizer die Vorlage eines gültigen **Personalausweises** oder **Reisepasses** (jeweils auch ein vorläufig ausgestellter). Kinder unter 13 Jahren benötigen den Kinderreisepass. Nehmen Sie für den Fall von Diebstahl oder Verlust sicherheitshalber eine Kopie Ihrer Dokumente in Papier- oder elektronischer Form mit. Kroatien ist Mitglied der EU, jedoch noch nicht des Schengen-Raums, weshalb an den Grenzen grundsätzlich kontrolliert wird. Da die kroatische Grenzpolizei bereits Vollzugriff auf das Schengener Informationssystem hat, wird vor der Einreise mit einem als gestohlen oder verloren gemeldeten und wieder aufgefundenen Personaldokument abgeraten.

Allein reisenden **Minderjährigen** wird empfohlen, eine formlose Einverständniserklärung der Sorgeberech-

tigten mitzunehmen (einen mehrsprachigen Vordruck gibt es z.B. bei www.kroati.de, Suchbegriff: »Reisevollmacht«); eine gesetzliche Verpflichtung zur Mitnahme besteht allerdings nicht mehr. Informieren Sie sich sicherheitshalber nach etwaigen abweichenden Regelungen des gebuchten Flug- oder Busunternehmens. Unionsbürger, die länger als 90 Tage in Kroatien bleiben wollen, müssen spätestens acht Tage nach Ablauf der dreimonatigen Frist ihren vorübergehenden Aufenthaltsort bei der nächsten Polizeidienststelle anmelden.

Auto- und Straßenverkehr

Verkehrsvorschriften

Der deutsche **Führerschein** ist in Kroatien in allen Mustern gültig, d.h. neben dem neuen im Scheckkartenformat auch der alte graue oder rosafarbene. Bei der Einreise mit dem eigenen Auto den **Fahrzeugschein** nicht vergessen, wer kein Euro-Kennzeichen hat benötigt das Nationalitätenschild. Die Mitnahme der grünen Versicherungskarte ist nicht mehr Pflicht, kann bei Unfällen aber die Abwicklung erleichtern.

Für Autofahrer ab 25 Jahren gilt die **0,5-Promillegrenze**, für Jüngere ein absolutes Alkoholverbot. Während der Winterzeit (letzter Sonntag im Oktober bis letzter Sonntag im März) müssen die **Scheinwerfer** auch tagsüber eingeschaltet werden (bei Motorrädern ganzjährig). Neben dem üblichen Autozubehör muss in Kroatien für Brems-, Blinker- und weitere Leuchten, die man selbst austauschen kann, jeweils ein **Ersatz-Glühlampenset** mitgeführt werden (ausgenommen sind Autos mit Xenon-, LED- oder Neon-Scheinwerfern).

Tagesaktuelle Infos zur **Verkehrslage** in deutscher Sprache gibt es beim Kroatischen Automobilclub (HAK) unter www.hak.hr (oben rechts deutsche Flagge anklicken). Vor allem während der Sommersaison empfiehlt sich wegen des hohen Verkehrsaufkommens eine defensive Fahrweise. Beim Überholen muss der Blinker während des gesamten Überholvorgangs eingeschaltet werden. In Kroatien gibt es viele Radarkontrollen!

Tempolimits in Kroatien
(Ausnahmen siehe Verkehrsvorschriften)

Straße	Tempolimit
Autobahn	max. 130 km/h
Schnellstraße	max. 110 km/h
Landstraße	max. 90 km/h
Ortschaft	max. 50 km/h

Achtung: In Istrien ist auf den Hauptverkehrsverbindungen A 8 und A 9, die ypsilonförmig zum sogenannten **Istrischen Ypsilon** zusammenlaufen, nur die Schnellstraßen-Höchstgeschwindigkeit von 110 km/h erlaubt! Der Ausbau der einstigen Schnellstraßen (»brza cesta«) B 8 und B 9 zur Autobahn ist trotz vollzogener Namensänderung noch in Gange. Für Fahrer unter 25 Jahren reduziert sich die Höchstgeschwindigkeit außerhalb von Ortschaften generell um jeweils 10 km/h auf maximal 120/100/80 km/h.

Maut
Auf allen Autobahnen (»autocesta«) sowie auf dem istrischen Schnellstraßen-Ypsilon fällt eine gemäßigte, nach Entfernung gestaffelte **Mautgebühr** an (»cestarina«, z.B. 6 € für die 84-km-Strecke von Umag nach Pula). Das bei der Auffahrt gezogene Ticket sollte man griffbereit aufbewahren. Zahlen kann man bei der Ausfahrt in Kuna oder Euro sowie mit der Kredit- oder EC-Karte. Gebührenpflichtig sind auch der Učka-Tunnel (zwischen 4 und 9 € je nach Entfernung) sowie die Brücke zur Insel Krk (4,70 €, nur für die Auffahrt vom Festland aus).

Tanken
Die Benzinpreise sind landesweit einheitlich, auch an Autobahntankstellen: Ein Liter **Bleifrei Super** (95 Oktan, »Eurosuper« genannt) kostet durchschnittlich 1,40 €/10,50 HRK, ein Liter **Diesel** (»Eurodiesel«, der einfache Diesel ist für Lkw) 1,33 €/10 HRK (Stand: Herbst 2018). Der Zusatz »BS« bedeutet »bez sumfora«, also bleifrei. Einige Tankstellen führen auch Eurosuper BS 100 (100 Oktan). Gefüllte Ersatzkanister dürfen nicht im Auto mitgenommen werden. **Tankstellen** haben in der Regel von 7–20 Uhr, im Sommer auch bis 22 Uhr und an Autobahnen und wichtigen Straßen zunehmend rund um die Uhr geöffnet. Bezahlt werden kann problemlos auch mit der Kredit- oder EC-Karte. Die Kvarner-Inseln Krk, Cres, Lošinj, Rab und Rab verfügen ebenfalls über Tankstellen.

Parken
Kostenpflichtige Parkplätze sind durch gestrichelte Linien gekennzeichnet, oft zeitlich begrenzt und in verschiedenfarbige Zonen unterteilt. Gezahlt werden kann in der Regel bar am Kassenautomaten (Tipp: Münzgeld sammeln und im Auto aufbewahren). Die Zahlung von Parkgebühren via SMS funktioniert in der Regel nur mit einem kroatischen Handy. Einige Städte haben jedoch das Zahlungssystem »paydo« eingeführt (mobile App),

darunter Pula, Rovinj und Poreč. Für eine längere Parkzeit bietet sich in größeren Orten eine **Parkgarage** an. Falschparker werden landesweit rigoros abgeschleppt oder mit einer Parkkralle festgesetzt!

Unfall und Panne

Bewahren Sie im Falle eines Unfalls die Ruhe, verlassen Sie Ihr Auto auf offener Straße nur mit einer reflektierenden Warnweste (griffbereit aufbewahren) und sichern Sie die Unfallstelle mit einem Warndreieck ab. Jeder Unfall mit Personenschaden muss der **Polizei** gemeldet werden (unter Tel. 192 oder der Notrufnummer 112), wir empfehlen dies auch für Unfälle mit Blechschaden. Lassen Sie sich vor der Weiterfahrt von der Polizei eine Bestätigung des Schadens (»potvrda«) ausstellen. Der ADAC rät zudem, den sogenannten Europäischen Unfallbericht auszufüllen; mehrsprachige Vordrucke sind beim ADAC erhältlich.

Die **Pannenhilfe** des kroatischen Autoclubs HAK (www.hak.hr) ist nonstop unter der Rufnummer 1987 erreichbar (per Handy oder Festnetz innerhalb Kroatiens, aus dem Ausland unter der Nummer +385 (1) 1987).

Barrierefreies Reisen

Der istrische Tourismusverband stellt einen mehrsprachigen, mehr als 350 Seiten langen **Katalog** für Menschen mit Behinderung zur Verfügung, der u.a. Hotels, Privatunterkünfte, Sehenswürdigkeiten, Museen, Vereine, Krankenhäuser und Apotheken aus der Region mit Foto auflistet und im Hinblick auf ihren Zugänglichkeitsgrad mit Symbolen beschreibt (herunterzuladen unter www.istra.hr/de, »Behin-

In Pula und anderen größeren Städten kann man mit einer mobilen App parken

derung« ins Suchfeld eingeben; vor dem Besuch vor Ort sicherheitshalber nach dem aktuellen Stand erkundigen). Die Broschüre wurde in Zusammenarbeit mit dem kroatischen Behindertenverband erstellt (www.hsuti.hr, Tel. +385 (1) 481 20 04).

Der Tourismusverband der Kvarner-Region bietet einen Überblick u.a. über barrierefreie Hotels, Apartments, Restaurants, Sporteinrichtungen und Strände – einen Lift ins Meer hat z.B. der Stadtstrand in Novi Vindoloski, über Rampen verfügen die Strände in Ičići, Crikvenica, Baška auf Krk und Kovačine auf Cres. Der **Reiterhof Vodičajna** in Lukeži bei Rijeka ist auf therapeutisches Reiten spezialisiert (www.konji ckivodicajna.hr). Mehr unter www. kvarner.hr/deu, unten rechts Suchbe-

Festivals und Events

Februar/März

Karneval (Rijeka) – Eine der wichtigsten Karnevalshochburgen in Südeuropa steht Kopf dank Maskenbällen und Umzügen. Der prächtigste findet am Sonntag vor Aschermittwoch statt (www.rijecki-karneval.hr).

Juli

Sommerkarneval (Novi Vinodolski) – Anfang Juli ziehen am Freitagabend Kinder und am Samstagabend erwachsene Clowns und Cowboys durch die Küstenstadt.

Filmfestival (Pula) – Mehr als 500 000 Filmfans kommen jedes Jahr in den Genuss heimischer und internationaler Produktionen, die u. a. im Amphitheater gezeigt werden (www.pulafilmfestival.hr).

Historische Kostüme auf der Giostra

Filmfestival (Motovun) – Die Schau in dem Burgstädtchen, die Independent-Filme unter freiem Himmel zeigt, ist ein fester Termin im Kalender (www.motovunfilmfestival.com).

Rabska fjera (25.–27. Juli, Rab) – Mittelalterfest mit historischem Schauspiel, Markt, Musik und Armbrustschießen (www.rab-visit.com).

Juli–August

Jazz-Festival (Grožnjan) – Idyllisches Musikfest in einem Künstler-Bergdorf im Hinterland, bei dem u. a. Absolventen der Jazz-Sommerschule ihr Können zeigen (www.jazzisbackbp.com).

August

Sommerkarneval (Senj) – Bis zu 3000 Narren ziehen durch die Straßen; mit Tanz und Darbietungen.

Wallfahrt nach Trsat (15. Aug.) – Zehntausende pilgern an Mariä Himmelfahrt zu der Kirche mit dem wundertätigen Marienbild bei Rijeka, Kroatiens ältestem Marienwallfahrtsort.

Grisia (Rovinj) – Open-Air-Kunstfestival, bei dem jeder seine Werke ausstellen kann.

September

Giostra (2. Septemberwochenende, Poreč) – Historisches Kostümspektakel, das ein Reitturnier aus dem 18. Jh. wiedererstehen lässt (http://giostra.info/de).

Oktober

Marunada (Lovran) – Edelkastanienfest mit gerösteten Maroni, Kuchen und vielen Leckereien, die an kleinen Ständen angeboten werden.

November

Rund um Martini (11. Nov.) wird der Wein gesegnet, vielerorts gibt es Weinfeste mit Musik (z. B. in Novi Vinodolski).

griff »Behinderung« eingeben und aus den Ergebnissen »Angebote für Personen mit Behinderung« aufrufen.

Diplomatische Vertretungen

Die Auslandsvertretungen Ihres Heimatlandes helfen Ihnen, wenn Sie Reisedokumente verloren haben, oder vermitteln, falls es zu Problemen mit örtlichen Behörden kommt.

Deutsche Botschaft Zagreb
■ Ulica grada Vukovara 64, 10000 Zagreb, Tel. +385 (0) 16 30 01 00 und in Notfällen mobil +385 (0) 98 22 71 36 (auch per SMS), www.zagreb.diplo.de

Österreichische Botschaft
■ Radnička cesta 80 (Zagreb-Tower), 9. Stock, 10000 Zagreb, Tel. +385 (0) 14 88 10 50, www.aussenministerium.at/zagreb

Schweizerische Botschaft
■ Ulica Augusta Cesarca 10 (Ban-centar), 2. Stock, Bogovićeva 3, 10000 Zagreb, Tel. + 385 (0) 14 87 88 00, www.eda.admin.ch/zagreb

Feiertage

Gesetzliche, arbeitsfreie Feiertage sind der 1. Januar (Neujahr), 6. Januar (Hl. Drei Könige), Ostersonntag und -montag, 1. Mai (Tag der Arbeit), Fronleichnam (Mai/Juni), 22. Juni (»Tag des antifaschistischen Widerstandskampfes«), 25. Juni (Nationalfeiertag), 5. August (»Tag des Sieges und der heimatlichen Dankbarkeit in Erinnerung an die Rückeroberung der Krajina«), 15. August (Mariä Himmelfahrt), 8. Oktober (Unabhängigkeitsfeiertag), 1. November (Allerheiligen) sowie der 25. und 26. Dezember (Weihnachten).

Geld und Währung

Die Landeswährung ist die **Kroatische Kuna** (»Marder« nach den Tierfellen, mit denen im Mittelalter gehandelt wurde). 1 Kuna (HRK oder kn) ist in 100 Lipa (»Linden«) unterteilt. Scheine sind im Wert von 10, 20, 50, 100, 200, 500 und 1000 Kuna in Umlauf, Münzen im Wert von 1, 2, 5, 10, 20 und 50 Lipa sowie von 1, 2 und 5 Kuna.

Viele Restaurants und Geschäfte weisen ihre Preise auch in **Euro** aus, zahlen kann man – per Gesetz – allerdings nur in der Landeswährung, auch wenn Vermieter von Ferienwohnungen und Privatzimmern nicht selten bereit sind, Euro anzunehmen. Die Mautgebühren an der Autobahn dürfen von Ausländern in Euro gezahlt werden, das Restgeld wird allerdings in Kuna zurückgegeben. Durch die Anbindung an den Euro ist der Wechselkurs seit Jahren recht stabil.

Wechselkurse
(Stand: 12/2018)

1 €/1 CHF	7,39 HRK/6,55 HRK
10 €/10 CHF	73,91 HRK/65,55 HRK
100 €/100 CHF	739,10 HRK/655,52 HRK
1 HRK	0,13 €/0,15 CHF
10 HRK	1,35 €/1,52 CHF
100 HRK	13,51 €/15,23 CHF

Kuna bekommen Sie am einfachsten und zum amtlichen Mittelkurs durch Abheben von Bargeld am **Bankautomaten** mit Ihrer EC- oder Kreditkarte (Achtung: je nach Institut auf etwa 3000 HRK pro Tag beschränkt; auch die Vorgaben des eigenen Kartenanbieters beachten). Im Menü Deutsch auswählen und eine womöglich angebotene »sofortige Abrechnung in Euro« ablehnen. Bargeld können Sie vor Ort in der Regel zu einem besseren Kurs als in Deutschland wechseln, und zwar in Wechselstuben (»mjenjačnica«) oft günstiger als in der Bank.

Banken sind zahlreich vorhanden und haben in der Regel Mo–Fr von 7–19 und Sa bis 13 Uhr geöffnet. An Geldautomaten, die selbst in kleinen Orten zu finden sind, kann man rund um die Uhr Geld abheben. In den meisten Hotels, Restaurants, Geschäften und Tankstellen kann man in der Regel mit Kredit- oder EC-Karte zahlen.

Kosten im Urlaub
(durchschnittliches Preisniveau)

Tasse Espresso	8 HRK/1,10 €
Softdrink (Limonade)	15 HRK/2 €
Großes Bier (0,5 l)	22 HRK/2,96 €
Kleines Bier (0,33 l)	16 HRK/2,15 €
Glas Wein (0,2 l)	20 HRK/2,70 €
Parken (1 Std.)	4–25 HKR/ 0,54–3,38 €

 Gesundheit

Suchen Sie im Krankheitsfall das nächste Krankenhaus (»bolnica«), ein Ärztehaus (»dom zdravlja«) oder eine Ambulanz (»ambulanta«) auf. Auch Apotheken (»ljekarna«) gibt es in fast allen Orten. Viele Ärzte und Apotheker sprechen Deutsch oder Englisch. Bei Tauchunfällen an die Poliklinik für Baromedizin OXY mit Dekompressionskammer in Pula wenden (im Marinekrankenhaus, Kochova 1a, Tel. +385 (0) 52 21 56 63) oder an die Außenstelle in Crikvenica (Gajevo šetalište 21; www. oxy.hr). Tiernotdienste gibt es in Veterinärambulanzen und -Stationen (»veterinarska ambulanta/stanica«).

Die ärztliche Behandlung im Krankheitsfall ist für EU-Bürger kostenlos, Sie müssen lediglich Ihre gesetzliche **Krankenversicherungskarte** vorlegen, auf deren Rückseite die Europäische Krankenversicherungskarte (EHIC) integriert ist. Sollten Sie vor Ort eine Rechnung begleichen oder Zuzahlungen zu Medikamenten leisten müssen, wird Ihnen Ihre Krankenkasse den ausgelegten Betrag in der Regel erstatten (Quittungen aufheben).

Trotz solider medizinischer Versorgung in Kroatien wird empfohlen, eine private **Auslandskrankenversicherung** mit Rückholservice abzuschließen. Eine solche wird u.a. vom ADAC im Rahmen der Plus-Mitgliedschaft sowie standardmäßig von einigen Kreditkartenausstellern angeboten (Kleingedrucktes in Ihrem Vertrag prüfen).

 Haustiere

Hunde und Katzen benötigen einen EU-Heimtierausweis, einen aktualisierten Impfpass mit Nachweis über eine gültige Tollwutimpfung sowie einen implantierten Mikrochip zur Kennzeichnung. Für Hunde besteht Leinenpflicht, außerdem eine Maulkorbpflicht für Kampfhunde sowie für alle weiteren Hunde beim Transport in öffentlichen Verkehrsmitteln. Kroaten sind im Allgemeinen tierlieb und Haustiere in vielen Unterkünften erlaubt, erkundigen Sie sich jedoch unbedingt vorab. Mancherorts gibt es spezielle Hundestrände, z.B. in Crikvenica.

 Information

Die örtlichen **Touristeninformationen** TZG (Tourismusverband einer Stadt »Turistička zajednica grada«), TZO

(Tourismusverband einer Gemeinde »Turistička zajednica općine« oder TIC (»Turistički informativni centar« bzw. »Tourist Information Centre«) sind im Haupttext jeweils zu Beginn der Orte aufgeführt. Allgemeine Informationen erhält man bei den Tourismusverbänden der Regionen Istrien (www.istra. hr/de, auf Facebook unter dem Namen @visitistra) und Kvarner (www.kvarner. hr/deu, @kvarner.hr auf Facebook) oder bei der Kroatischen Zentrale für Tourismus (www.croatia.hr, Facebookseite @croatia) mit Büros in Deutschland und Österreich:

Kroatische Zentrale für Tourismus

■ Stephanstr. 13, 60313 Frankfurt/M., Tel. 069/238 53 50
■ Hesseloherstr. 9, 80802 München, Tel. 089/22 33 44
■ Liechtensteinstr. 22 a, 1090 Wien, Tel. 01/585 38 84 (auch für Anfragen aus der Schweiz)

Klima und Reisezeit

Istrien und die Kvarner-Bucht zeichnen sich durch ein **mediterranes Klima** aus: Die Sommer sind heiß und trocken, die Winter mild. Hauptreisezeit sind die Monate von Juni bis Ende August, wenn die Temperaturen regelmäßig auf über 30 °C klettern, man bis in die späte Abenddämmerung hinein im Meer baden und selbst in den Nachtstunden noch in kurzen Ärmeln im Freien sitzen kann.

Auch in den Herbstmonaten kann man noch viele warme Tage genießen und obendrein von den günstigeren Nachsaisonpreisen profitieren. Insbesondere im September und Oktober lässt sich der Strandurlaub angenehm mit kulinarischen Highlights wie der Pilzernte oder dem Esskastanienfest Marunada (S. 128) kombinieren.

Im Frühjahr von ca. April bis Juni kommen wintermüde Mitteleuropäer und Sportler an der aufblühenden Küste auf ihre Kosten: Milde Temperaturen laden zum Spazierengehen, Wandern, Fahrradfahren (www.istria-bike.com), und Segeln ein sowie zum Sightseeing ohne Warteschlangen. Auch die Nebensaison von November bis März hat ihren Charme: In der ruhigeren und feucht-kühlen Jahreszeit kommt man am leichtesten mit entspannten Einheimischen ins Gespräch.

Klimatabelle Pula

Monat	Luft (°C) min/max	Wasser °C	Sonne (h/Tag)	Regentage
Jan.	3/9	11	3	7
Feb.	3/10	11	4	6
März	5/12	11	6	7
April	9/16	13	7	6
Mai	13/21	17	9	7
Juni	17/25	21	10	5
Juli	19/28	23	11	4
Aug.	19/28	24	10	4
Sept.	15/24	22	8	5
Okt.	11/18	19	7	7
Nov.	8/13	16	4	9
Dez.	6/11	13	3	8

Notfall

Wählen Sie im Notfall die gebührenfreie **europäische Notrufnummer 112**. Die mehrsprachig besetzte Leitstelle gibt Ihren Anruf an die Polizei, Feuerwehr, den Rettungsdienst oder Notarzt weiter (siehe auch »Unfall und Panne« auf S. 127).

Postämter erkennt man leicht am gelben Zeichen mit der Aufschrift »Pošta«

Öffnungszeiten

Die Ladenöffnungszeiten sind in Kroatien nicht einheitlich geregelt. Die meisten **Geschäfte** haben Montag bis Freitag von 8 bis 20 Uhr und am Samstagvormittag geöffnet. In großen Supermärkten, Einkaufszentren und Souvenirgeschäften (während der Saison) können Sie meist länger einkaufen. In kleineren Orten schließen Geschäfte oftmals schon am frühen Nachmittag. In manchen Ortschaften sind zahlreiche **Kirchen** nur kurz vor oder nach dem Gottesdienst geöffnet (in vielen Kirchen gibt es jedoch ein Metallgitter, durch das man einen Blick ins Innere werfen kann). Insbesondere im istrischen Hinterland kann es sich lohnen, im nächstgelegenen Geschäft nach-

zufragen: Mit etwas Glück bekommt man den Schlüssel für die Kirche in die Hand gedrückt. Öffnungszeiten von Banken, Post und Apotheken finden Sie unter der jeweiligen Rubrik.

Post

Die meisten Postämter (»pošta«, gekennzeichnet mit der Aufschrift HPT) haben Montag bis Freitag von 7 bis 19 Uhr, samstags bis 13 Uhr, in Touristenzentren auch bis 22 Uhr geöffnet. Das **Porto** für Postkarten (»razglednica«) beträgt beim Versand ins EU-Ausland 5,80 HRK. Briefmarken (»poštanska marka«) sind auch am Kiosk sowie in Tabak- und Zeitungsläden erhältlich.

Rauchen und Alkohol

In Kroatien herrscht in öffentlichen Einrichtungen ein absolutes und in Restaurants und Cafés ein eingeschränktes **Rauchverbot**: Kleine Cafés dürfen sich als Rauchercafé ausgeben, in größeren Lokalen darf in einem eigenen Raucherraum geraucht werden, ebenso auf Terrassen. Vor vielen öffentlichen Gebäuden wie Krankenhäusern ist das Rauchen dagegen auch im Freien untersagt. **Alkohol** darf offiziell nur an Volljährige verkauft werden.

Sicherheit

Kroatien ist durchaus ein sicheres Reiseziel, die Straßenkriminalität ist gering, und Gewaltdelikte sind sehr selten. Trotzdem sollten hohe Bargeldbeträge und Wertgegenstände nicht ungesichert in der Ferienunterkunft aufbewahrt und nicht mit an den Strand genommen werden. Im Ernstfall ist die **Polizei** unter 192 zu erreichen. Der Diebstahl von Pass oder Ausweis muss sicherheitshalber angezeigt werden, auch bei gestohlenen oder verlorenen Kreditkarten empfiehlt sich eine Anzeige gegen Unbekannt. Die zentrale **Kartensperrnummer** lautet +49 116 116.

Sport

Die kroatische Küste ist ein Traum für **Wassersportler**: Das Gesetz untersagt das Absperren von Privatstränden, der Zugang zum Meer und das Schwimmen sind bis auf wenige Ausnahmen überall möglich. Eine Übersicht über Strände, die mit dem Öko-Gütesiegel »blauen Flagge« für Sauberkeit und hohe Standards ausgezeichnet sind, bietet www.blueflag.global.

In Kroatien gibt es nur wenige Sandstrände, die meisten sind mit Felsen, Kies oder Beton bedeckt. Um die Füße vor Seeigeln und scharfen Steinen zu schützen, empfiehlt sich das Tragen von Badeschuhen. Die Fels- und Kiesstrände mit überaus klarem Wasser laden jedoch zum **Schnorcheln** und **Tauchen** ein. Ein spannendes Tauchrevier ist z.B. das Schiffswrack der 1914 explodierten »Baron Gautsch« vor Rovinj. Wind- und Kitesurfen (Tipp: rund um Premantura und Rabac), Kanu, Kajak oder Bootfahren sowie Stehpaddeln stehen ebenfalls hoch im Kurs.

Wer gerne **segelt**, hat den Vorteil, dass die schönsten Strände Kroatiens oftmals nur vom Wasser aus erreichbar sind. Eine Liste aller Marinas des Adriatic Croatia International Club (ACI) in Kroatien ist online abrufbar unter: www.aci-marinas.com/de.

Auf dem Trockenen bietet die Region ideale Bedingungen für Radfahren, Klettern, Reiten und Tennis – z.B. in Umag, wo das größte Turnier des Landes ausgetragen wird. Golfern stehen der Traditionsparcours auf der Insel Veli Brijun und der moderne 18-Loch-Platz in Savudrija zur Verfügung. Eine neue Anlage wird derzeit auf der Halbinsel Punta Križa auf Cres gebaut.

In Istrien und der Kvarner-Bucht gibt es wunderbare **Wanderwege**: Aussichtsreiche Gipfel verspricht das Učka-Gebirge, das die Riviera von Opatija vor Winden schützt, das dünn besiedelte Čićarija-Gebirge oder der Nationalpark Nördlicher Velebit mit dem 57 km langen Premužić-Wanderweg. Doch auch im Hinterland des Vinodol-Tals lässt es sich gut wandern – mit Meerblick. Auf den Kvarner-Inseln ist der Tramuntana-Lehrpfad (12 km) empfehlenswert, im Norden von Lošinj das Osorčia-Gebirge.

Strom und Steckdose

Die Netzspannung ist dieselbe wie zu Hause, und Steckdosenadapter sind nicht erforderlich.

Telefon und Internet

Für die **Handynutzung** innerhalb der EU fallen keine Roaming-Zusatzgebühren mehr an, meist können die gebuchten Datenpakete auch ohne Aufpreis im europäischen Ausland genutzt werden. Die **Ortsvorwahlen** in Istrien und der Nachbarregion sind (0)51, (0)52 oder (0)53. Kroatische Handynummern beginnen stets mit (0)9 und einer weiteren Ziffer – z.B. (0)91, (0)95, (0)98 – und werden aus dem Ausland nach der Ländervorwahl ebenfalls ohne Null am Anfang gewählt. Bei Ortsgesprächen aus dem Festnetz fällt die Ortsvorwahl weg. Bei

Anrufen per Mobiltelefon gibt man sowohl für örtliche als auch für Handy-Rufnummern entweder die jeweilige dreistellige Vorwahl inklusive Null am Anfang ein oder die komplette internationale Rufnummer, die automatisch umgeleitet wird. Für **Festnetzanrufe** aus dem Ausland nach Kroatien wählt man die Ländervorwahl 00385 und anschließend die Ortsvorwahl, jeweils ohne Null am Anfang.

Internationale Vorwahlen:
- Kroatien 00385
- Deutschland 0049
- Österreich 0043
- Schweiz 0041

Ein kostenloser **WLAN-Zugang** (»free WiFi«) wird von den meisten Hotels und Cafés angeboten sowie von vielen Gemeinden auf öffentlichen Plätzen, z.B. im Stadtzentrum und in der Nähe von Sehenswürdigkeiten.

 Trinkgeld

Über eine kleine Aufmerksamkeit zufriedener Gäste freuen sich Kellner im Restaurant (5–10 %) sowie Taxifahrer, Stadtführer, Hotelpagen, Zimmermädchen und die weißgewandeten Schüler und Studenten, die an Tankstellen gekonnt Autoscheiben putzen (5 HRK). Selbsterkorene inoffizielle Parkplatzlotsen können ignoriert werden.

 Umgangsformen

Wer beim Besuch in den Innenstädten angezogen ist, anstatt mit nacktem Oberkörper herumzulaufen, hat bei den Einheimischen bereits einen Stein im Brett. Mit Wohlwollen wird auch registriert, wenn jemand mit »dobar dan« grüßt, anstatt wie selbstverständlich mit der eigenen Sprache mit der Tür ins Haus zu fallen. Beim Ausgehen in der Gruppe zahlt nicht jeder separat, sondern es wird zusammengelegt bzw. die Zeche diskret von Runde zu Runde weitergereicht.

Unter Kroatinnen ist das **Oben-ohne-Baden** kaum verbreitet, es wird aber ebenso gleichmütig akzeptiert wie das Nacktbaden an ausgewiesenen FKK-Stränden (S. 28), die zumindest bei Kroatien-Besuchern eine lange Tradition haben. Traditionelle **Geschlechterrollen** und Lebensmodelle brechen auch in dieser Region zunehmend auf: Frauen, deren Mütter schon im sozialistischen Jugoslawien Brotverdienerinnen waren, behaupten sich selbstbewusst auf dem Arbeitsmarkt (was in Kroatien nicht im Widerspruch steht zu einem hyperfemininen Äußeren).

 Unterkunft und Hotels

In Istrien und der Kvarner-Region ist an Unterkünften alles dabei – vom Fünf-Sterne-Hotel über die Ferienvilla bis zum Leuchtturm-Apartment. Einen Überblick verschaffen die gängigen **Online-Portale** wie etwa www.booking.com und www.airbnb.com sowie die regionalen Touristeninformationen (www.kvarner.hr/deu). Wenn Sie an einem Ort bleiben möchten, ist die Buchung einer Pauschalreise mit Flug und Hotel oft günstiger.

Traditionell sehr beliebt sind **Privatzimmer und Apartments**. Achten Sie einfach auf der Straße auf das Hinweisschild »Sobe« oder »Apartmani«. Istrien und die Kvarner-Bucht sind auch beliebte **Camping-Destinationen**, hier reicht die Auswahl vom Mietbungalow bis zum FKK-Campingplatz, von denen es eine ganze Reihe gibt (siehe dazu auch S. 28). Wildes Zelten ist untersagt, ebenso das Übernachten im Auto oder Caravan, z.B. auf Park- oder Rastplätzen (scharfe Kontrollen!). Detaillierte Infos finden Sie im ADAC-Campingführer (https://campingfuehrer.adac.de) sowie beim kroatischen Campingverband (www.camping.hr).

Neben den drei staatlichen Jugendherbergen in Pula, Rijeka und Krk (www.hfhs.hr) sind in den vergangenen Jahren viele private **Hostels** entstanden, die oftmals auch Einzel- und Doppelzimmer anbieten und eher mit Gästehäusern oder B & Bs vergleichbar sind. Unterkünfte auf dem Land, z.B. beim Direktvermarkter, auf dem Bauernhof oder in Landhäusern, werden als **Agrotourismus** (»agroturizam«) bezeichnet. Ein Landgut versteht man auch unter dem Namen »stancija«.

Spontanreisende, die sich ohne Zeitplan von Ort zu Ort treiben lassen, müssen in der Hochsaison bei einer Last-minute-Buchung sowie bei einem Aufenthalt von unter drei Tagen mit einem **Preisaufschlag** rechnen. Einige Unterkünfte vermieten in der Hauptsaison auch nur für eine bestimmte Mindestdauer, etwa drei oder sieben Tage. Die Kurtaxe beträgt bis zu 1,35 € pro Gast (ab 12 Jahren). Bettenwechsel ist traditionell am Samstag. Viele Ferienanlagen und Strandhotels sind im Winter geschlossen und öffnen meist erst an Ostern. In größeren Orten findet sich in der Regel ganzjährig ein Hotel.

Verkehrsmittel im Land

Bus

Istrien und die Kvarner-Region sind über ein dichtes **Fernbusnetz** verbunden. Fahrpläne und ein begrenztes Kontingent an Online-Tickets gibt es bei www.buscroatia.com.

Mietwagen

An den Flughäfen und in praktisch jedem größeren Ort kann man ein Auto mieten. ADAC-Mitglieder erhalten von der **ADAC Autovermietung** günstige Konditionen.

Fähre

Zwischen dem Festland und den Kvarner-Inseln verkehren Auto- und Personenfähren von **Jadrolinija** (www.jadrolinija.hr, in der Hauptsaison rechtzeitig Online-Tickets kaufen), auf die Verbindung nach Rab hat sich **Rapska plovidba** spezialisiert (www.rapska-plovidba.hr). Bei der Fähranreise sollte man stets viel Zeit einplanen, da es sein kann, dass man – trotz Ticket – nicht auf die Fähre kommt und vor Ort auf die nächste warten muss.

Taxi

Taxistände findet man in größeren Städten beispielsweise am Busbahnhof. Achten Sie darauf, dass das Taxameter eingeschaltet ist.

Zollbestimmungen

Der private Warenverkehr ist innerhalb der EU grundsätzlich frei. Der als privat angenommene Verbrauch ist bei manchen hochsteuerbaren Waren allerdings beschränkt, bei Tabakwaren z.B. auf maximal 800 Zigaretten, bei Kaffee auf maximal 10 kg und bei Spirituosen auf maximal 10 l. Die vom kroatischen Zoll (»carina«) festgesetzte Freigrenze beträgt für Wein maximal 90 l und für Bier maximal 110 l. Für die Bestimmungen in der Schweiz siehe www.ezv.admin.ch.

Die Geschichte Istriens

Ab 1200 v. Chr. Indoeuropäische Stämme lassen sich in Istrien nieder.

432 v. Chr. Die Kelten gründen Senj, eine der ältesten kroatischen Städte.

Ab 177 v. Chr. Die Römer erobern Nesactium, die Hauptstadt der Histrier, und übernehmen Istrien: Militärlager werden zu Städten ausgebaut, bedeutende Bauwerke entstehen.

5.–8. Jh. Istrien wird von den Ostgoten, später von Byzanz und dem Frankenreich regiert.

6. Jh. Slawen aus dem Dnjepr-Gebiet lassen sich in Istrien nieder.

Ab 1150 Venedig festigt seinen Einfluss. Bis zum Ende des 13. Jh. ist die Halbinsel größtenteils in venezianischer Hand.

12.–17. Jh. Die mächtigen Fürstendynastien Frankopan und Zrinski gebieten über die Kvarner-Bucht.

1797 Ende der Herrschaft Venedigs, Österreich hat nun das Sagen.

1809 Napoleon Bonaparte besetzt Istrien und macht die Halbinsel zu einem Teil seiner »Illyrischen Provinzen«.

1815 Der Wiener Kongress führt zu einer Neuordnung: Istrien wird wieder der Donaumonarchie unterstellt.

1866 Österreich besiegt die italienische Seeflotte bei Lošinj und baut Pula zum größten K.u.k.-Kriegshafen aus.

1920 Die Grenzziehung mit Italien sorgt für Spannungen: Istrien, Cres und Lošinj sind italienisch. Rijeka bekommt zunächst den Status eines Freistaats, ehe es 1924 Italien zugeschlagen wird.

1941–1945 »Unabhängiges Kroatien« und faschistisches Ustascha-Regime.

1945 Partisanenführer Tito ruft die Föderative Volksrepublik Jugoslawien aus.

1947/1954 Friedensvertrag mit Italien, u.a. Rückgabe eines großen Teils von Istrien, Cres und Lošinj an Jugoslawien. Bis zu 300 000 Italiener entscheiden sich für den Exodus aus dem nunmehr sozialistischen Staat.

1980 Nach dem Tod des jugoslawischen Staatspräsidenten Tito verschärfen sich die wirtschaftlichen und ethnischen Spannungen im Land.

1990 Erste freie Wahlen: Der nationalkonservative Autokrat Franjo Tuđman führt Kroatien in die Unabhängigkeit. Im sogenannten Heimatkrieg werden die Krajina, Ostslawonien und Dalmatien heftig umkämpft, in Istriens Hotels werden viele Geflüchtete und Vertriebene untergebracht.

1992 Völkerrechtliche Anerkennung von Kroatien, Mitglied der UNO.

2013 EU-Beitritt Kroatiens.

2018 »Brain drain«: Seit dem EU-Beitritt sind rund 400 000 Arbeitskräfte aus Kroatien ins Ausland abgewandert.

2020 Rijeka wird gemeinsam mit dem irischen Galway Europäische Kulturhauptstadt.

Josip Broz Tito und seine Frau Jovanka im Jahr 1956 auf den Brijuni-Inseln

Kroatisch für die Reise

Das Wichtigste in Kürze

Ja/Nein	*da/ne*
Bitte/Danke	*molim/hvala*
Hallo!/Tschüss! (leger)	*Bog!/Ciao! (beides zur Begrüßung und Abschied); auch: Adio!*
Guten Tag!/Auf Wiedersehen!	*Dobar dan!/ Do viđenja!*
Guten Morgen!/Guten Abend!/Gute Nacht!	*Dobro jutro!/Dobra večer!/ Laku noć!*
Mein Name ist …	*Ja se zovem …*
Entschuldigung!	*Oprostite!*
Achtung!/Vorsicht!	*Pozor!/Oprez!*
Ich verstehe Sie nicht.	*Ja Vas ne razumijem.*
Wie viel kostet …?	*Koliko košta …?*
Damen/Herren	*ženski/muški*
geöffnet/geschlossen	*otvoreno/zatvoreno*
gestern/heute/morgen	*jučer/danas/sutra*
Wie viel Uhr ist es?	*Koliko je sati?*
Wo ist …?	*Gdje se nalazi …?*
Wie weit ist …?	*Koliko daleko je …?*
Ist das der Weg nach …?	*Da li je ovo put za …?*
Nord/Süd/Ost/West	*sjever/jug/istok/ zapad*
Ich möchte …	*htio/htjela* bih …*
Die Rechnung, bitte!	*Račun, molim.*
Restaurant	*restoran*
Auto	*automobil/kola*
Tankstelle	*benzinska postaja*
Kraftstoff/bleifrei/ Super/Diesel/ Autogas	*gorivo/bezolovan bzw. bezolovno gorivo/ Super/ Diesel bzw. dizel/autoplin*
Panne	*nezgoda*
Hilfe!	*U pomoć!*
Fahrrad/E-Bike	*bicikl/električni bicikl*
Hauptbahnhof	*glavni kolodvor*
Busbahnhof/ Bushaltestelle	*autobusni kolodvor/ autobusna postaja*
Flughafen	*zračna luka/aerodrom*
Ausweis	*osobna iskaznica*
Bank/Geldautomat	*banka/bankomat*
Arzt	*liječnik*
Apotheke	*ljekarna*
Lebensmittelgeschäft/Supermarkt	*trgovina živežnih namirnica/supermarket*
Tourismusbüro	*turistički ured*

Wochentage

Montag/Dienstag	*ponedjeljak/utorak*
Mittwoch/Donnerstag	*srijeda/četvrtak*
Freitag/Samstag	*petak/subota*
Sonntag	*nedjelja*

Monate

Januar/Februar	*siječanj/veljača*
März/April	*ožujak/travanj*
Mai/Juni	*svibanj/lipanj*
Juli/August	*srpanj/kolovoz*
September/Oktober	*rujan/listopad*
November/ Dezember	*studeni/prosinac*

htio/htjela = männl./weibl. Wortform

Zahlen

1	*jedan*	8	*osam*
2	*dva*	9	*devet*
3	*tri*	10	*deset*
4	*četiri*	11	*jedanaest*
5	*pet*	12	*dvanaest*
6	*šest*	100	*sto*
7	*sedam*	1000	*jedna tisuća*

Hinweise zur Aussprache

lj	wie ›lj‹ (eng zusammen), Bsp.: ulje
nj	wie ›nj‹ (eng zusammen), Bsp.: konj
r	wie ›r‹ (kräftig rollen), Bsp.: riba
s	wie ›ss, ß‹, Bsp.: meso
š	wie ›sch‹, Bsp.: šunka
v	wie ›w‹, Bsp.: voda
z	wie ›s‹ (stimmhaft), Bsp.: bazen
ž	wie ›sch‹ (stimmhaft), Bsp.: žeton

Alle Blickpunkt-Themen in diesem Band:

Register

Register

Bildnachweis

Titel: Rovinj
Foto: **Shutterstock.com** (OPIS Zagreb)
Rücktitel: links: **Shutterstock.com:** (Littleaom), rechts: **Shutterstock.com:** (Andrij Vatsyk)

Alamy: 78; Miha Krofel 109.3 – **AWL Images:** Alan Copson Klappe1 – **Bildagentur Huber:** Cogoli Franco 102 – **Bureau Turistička Zajednica Grada:** 84 – **Fotolia:** greenpapillon 19; rob_st 67; LianeM 97; xbrchx 105 – **gemeinfrei:** 10.2 – **Getty Images:** Maremagnum, Collection: Photographer's Choice 109.1; Ken Welsh 127 – **Hotel Stancija Menegeti:** 71.2 – **Huber Images:** Manfred Bortoli 4/5; Arcangelo Piai 7; Morandi Bruno 8/9; Günter Gräfenhain 14/15, 21, 60, 144.2; Susanne Kremer 30/31; Franco Cogoli 57, 74 – **Imago:** 128; Arcaid Images 54; Chromorange 59; sepp spiegl 64; Pixsell 104 – **imago stock&people:** 103 – **Interfoto:** 93 – **Jahreszeiten Verlag:** Arthur F. Selbach 100/101 – **laif:** Frank Heuer 6.1 6.3, 12.1, 20, 44; Günter Standl 6.2; Martin/Le Figaro Magazine 107; Thomas Linkel 22/23 – **look-foto:** 77 – **Lookphotos:** Wilfried Feder 2.1 – **mauritius images:** Udo Siebig 11.3, 51; P. Widmann 24; Jevgenija/Alamy 43; imageBROKER 47, 114; Bratislav Stefanovic/Alamy 71.1; CuboImages 73.4; World Pictures/Photoshot 91; Alamy 116; Cultura/Brigitte Sporrer 132; United Archives 136 – **Mediteraneo Bar:** 13.2 – **picture alliance:** Moritz Vennem 81; Dumont Bildar 92; Arco Images G 94 – **Seasons Agency:** Jalag/Markus Bassler 11.1 – **Shutterstock.com:** U. Gernhoefer 2.2, 49, 68; Prangnirin Boonprakob 9; Ziga Cetrtic 10.1; Maurese 12.2; OPIS Zagreb 12.3; Igor Karasi 17.1; ZM_Photo 27; floc 29; xbrchx 34; Kayo 36/37; Aleksandar Todorovic 40; Villiam.M 53, 55; sanzios 73.2, 82; IP.W 87.3; Zick Svift 88; FooTToo 99; iascic 110; Valery Bareta 113; mpaniti 119; moreimages 144.1

Herausgeber: GRÄFE UND UNZER VERLAG GmbH, Postfach 86 03 66, 81630 München
Leitender Redakteur: Benjamin Happel
Autoren: Veronika Wengert, Axel Pinck und Katarina Lukač
Verlagsredaktion: Nadia Terbrack (verantw.), Larissa Köpp, Gernot Schnedlitz, Silke Tauscher
Redaktion und Satz: Ewald Tange, tangemedia, München
Bildredaktion: Dr. Nafsika Mylona
Schlusskorrektur: Ulla Thomsen
Reihengestaltung: Eva Stadler
Kartografie: Kunth Verlag GmbH & Co. KG, München
Herstellung: Mendy Willerich
Druck: Drukarnia Dimograf Sp z o.o. (Polen)

Ansprechpartner für den Anzeigenverkauf:
KV Kommunalverlag GmbH & Co. KG, MediaCenter München,
Tel. 089/928 09 60

ISBN 978-3-95689-414-5
1. Auflage 2019

© 2019 GRÄFE UND UNZER VERLAG GmbH, München
ADAC Reiseführer Markenlizenz der ADAC Medien und Reise GmbH, München

LESERSERVICE
adac@graefe-und-unzer.de
Tel. 00800/72 37 33 33 (gebührenfrei in D, A, CH)
Mo–Do: 9–17 Uhr, Fr: 9–16 Uhr

Bei Interesse an maßgeschneiderten B2B-Produkten:
gabriella.hoffmann@graefe-und-unzer.de

Ein Unternehmen der
GANSKE VERLAGSGRUPPE

Gut informiert.

Besser reisen.

Lust auf einen Kurztrip? Die kompakten ADAC Reiseführer sind die perfekten Reisebegleiter für eine spontane Auszeit.

- **Kompetent**: zuverlässige Informationen und bewährte ADAC Tipps
- **Praktisch:** mit dem ADAC Quickfinder direkt zu den Highlights
- **Übersichtlich:** kinderleichte Orientierung dank klarer Symbolik

Unschlagbar gut.
Unschlagbar günstig.

Überall, wo es Bücher gibt, und beim ADAC.
adac.de/shop

ADAC

Unterwegs in Istrien

Serpentinenreich ans Meer

Motorradfahrer lieben die »alte Straße«, die südlich von Karlovac in die Kvarner-Bucht führt: »Lujzjana« heißt die Trasse, die an gemütlichen Wirtshäusern und schönen Aussichtspunkten durch die Bergregion Gorski kotar (S. 110) führt.

Insel-Hopping

Ab auf die Insel. Doch wie? Wenn Sie zu Fuß unterwegs sind, sollten Sie mit dem »katamaran« anreisen. So heißt die Personenfähre, die Sie schneller ans Ziel bringt. Mit einem fahrbaren Untersatz müssen Sie hingegen auf ein »trajekt« ausweichen.

■ Details unter www.jadrolinija.hr

Mit dem Wassertaxi zum Baden

Wunderschöne, zuweilen auch versteckte Badebuchten gibt es in Kroatien reichlich. Die meisten erreicht man nur mit dem eigenen Boot. Oder mit Taxibooten, die in vielen Häfen warten und mit »Taxi« gekennzeichnet sind (z.B. Rabac Boats: www.rabac-boats.com).

Mit der Bimmelbahn zum Strand

Das gebuchte Hotel liegt außerhalb der Altstadt? Kein Problem: In den meisten Touristenzentren, etwa in Poreč, Novigrad, Rabac/Labin, Rovinj/Bale verkehren regelmäßig Bimmelzüge zwischen dem Zentrum und den großen Hotelanlagen. Der Fahrpreis beträgt meist nur wenige Kuna.

Radeln strafft die Wadeln

Ob E-Bike, Mountainbike oder City-Fahrrad: Fahrradfahren ist auch in Istrien und der Kvarner-Bucht längst angesagt. Offiziell gibt es in Istrien 100 Radtouren inklusive kostenlosen GPS-Tracks, Karten, Werkstätten.

■ Details unter www.istria-bike.com, www.istria-trails.com